JN081885

子どもがパクパク食べる！

魔法のおうちごはん

1歳半〜5歳
これ1冊でOK！

はじめに

私は保育園の管理栄養士として、
これまでにたくさんの子どもたちと関わってきました。

子どもの食事で悩んでいる方にまず知っていただきたいのは
「好き嫌いや偏食と、料理の上手さは関係ない」ということ。
ちょっとしたことで、今すぐ子どもが食べてくれる料理に変わるんです。

P.6にもある通り、最初は炒め時間を意識してみてください。
他にも、本書には子どもが食べやすい切り方や炒め方など、
工程にコツをたくさん書いています。
炒め時間は長めですが、あくまで目安ですので、
子どもが食べられるようになったら短くしても構いません。
ご家庭で様子を見ながら調整してください。

作り置きできる料理もたくさんご紹介しました。
忙しい日は温めるだけにするなど、楽しく活用してくださいね。

そしてぜひ大人やご高齢の方にも、
この味つけで食べていただきたいんです。
繰り返し食べると舌が変わり、
薄味をおいしく感じるようになります。
減塩になり、大人分と子ども分を分けて作る
必要もなくなります。

このレシピ本が、家族みんなの
笑顔につながりますように。

こんにちは！
あおいです！

料 理 を 作 る 前 に

料理名

材料
材料は基本的に「大人2人＋子ども1人分」となっています。1歳半～2歳は総量の1/6量、3～5歳は総量の1/5量が目安です。個人差がありますので、様子を見ながら食べる量は調整してください。

アレルギー表記
特定原材料（卵、乳、小麦、えび）を使用している場合は、ここに記載しています。

MEMO
材料や調理工程での注意点やコツを記載しています。

POINT
子どもの食事を作るうえでのポイントを写真つきで紹介しています。

作り置き
作り置き可能なレシピは、こちらに保存方法を記載しています。

● 本書のレシピは1歳半～5歳の子どもを対象としています。食べられる大きさやかたさ、量などには個人差がありますので、様子を見ながら加減してください。

● 食物アレルギーの可能性がある場合は、医師にご相談のうえ、調理してください。

● 材料の表記は1カップ＝200ml（200cc）、大さじ1＝15ml（15cc）、小さじ1＝5ml（5cc）です。

● 「野菜を洗う」「皮をむく」「へたを取る」などの基本的な下ごしらえは一部省略しております。

● レシピには目安となる分量や調理時間を表記していますが、食材や調理器具によって差がありますので、様子を見ながら加減してください。

● 電子レンジの加熱時間は500Wのものを使用した場合の目安です。600Wの場合は、0.8倍を目安に様子を見ながら加熱時間を加減してください。

● オーブントースターは1000Wのものを使用した場合の目安です。温度設定のできないものや、機種ごとの個体差もありますので、様子を見ながら加減してください。

CONTENTS

1章 肉・魚のメインおかず

2章 野菜たっぷりサブおかず

3章 ごはん、麺、パンの主食

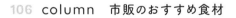

子どもの食事の9つのポイント

子どもには、栄養たっぷりのものを毎日よろこんで食べてほしいですよね。
そんな食事を作るためのちょっとしたポイントをご紹介します!

POINT 1 3つの栄養素のバランス

栄養バランスを整えるためには、毎食、次の3つのグループを揃えることから始めましょう。

炭水化物(主食) 体や脳のエネルギー源になるごはん、麺、パンなどです。

たんぱく質(主菜) 筋肉や皮膚や内臓などを作る材料になります。肉、魚、大豆製品、卵を1週間でまんべんなくとれるようにするとよいです。

ビタミン、ミネラル(副菜、汁物) 免疫機能をサポートするなど、体調管理に欠かせません。野菜、いも、海藻、きのこをたっぷり使いましょう。

上記に加えて牛乳、乳製品、果物も1日1～2回を目安に取り入れたいもの。幼児期は3食では栄養素が不足してしまうため、足りない栄養素をおやつでとる必要があります。

POINT 2 緑黄色野菜と淡色野菜

野菜は、緑黄色野菜と淡色野菜に分けられます。含まれる栄養素の特徴が異なるため、買い物をするときに両方を揃えるように意識しましょう。皮の色ではなく、切ったときに、断面の色も濃いものが緑黄色野菜、白っぽいものが淡色野菜と覚えておくとわかりやすいと思います。長ねぎの青い部分や大根の葉も緑黄色野菜です。捨てずに利用して。

POINT 3 野菜はよく炒める

同じレシピでも、炒める時間で味は変わります。よく炒めると野菜の甘みやうまみが濃縮され、辛み、苦みを軽減させることができるので、少ない調味料でも味が濃厚になり、野菜が食べやすくなります。子どもが力を入れずにフォークでさせるくらいを目安に加熱します。

POINT 4 塩分は控えめに

子どもの味覚は大人の2倍以上も敏感といわれます。味つけは大人の半分ほどの濃さで十分。これは1歳児でも5歳児でも同じです。幼児期の食塩のとりすぎは、濃い味つけしか食べなくなる、内臓に負担がかかるなどの悪影響があります。また濃い味はよくかまなくても味がわかるため、肥満などの原因となる早食いにつながることも。塩分の少ない食事は高血圧予防になるため、大人にもおすすめです。慣れると薄味でもおいしく感じられるようになりますよ。

調味料は「さしすせそ」の順に

甘みをつけ、素材をやわらかくする砂糖は調味の最初に入れます。先に塩を入れると粒子の細かい塩が先に浸透し、甘みがしみ込みにくく、野菜もやわらかくならないのです。しょうゆ、味噌は風味や香りを残したいのであとから加えます。

食べる前に細かく切る

POINT 6

本書のレシピ内の切り方は、3〜5歳児向けです。1〜2歳児なら、完成後にキッチンばさみで半分〜4等分に切ってあげましょう。保育園でもできあがった料理を、年齢に合わせてあとから刻んで出しています。

深皿に盛りつける

POINT 7

「食べにくさ」も、子どもが食べない原因のひとつ。1〜2歳児なら、料理は深皿に盛りましょう。皿の縁が、食べ物を支えて食べやすくしてくれます。箸を使って食べられる3〜5歳児なら、平皿でも大丈夫です。

牛乳をスキムミルクに代える

POINT 8

スキムミルクは牛乳より脂質が少なく、たんぱく質、カルシウムが豊富です。牛乳の代わりに使い、不足しがちな栄養素を補いましょう。保存もきくので、家に常備しておくと便利です。

だし汁を使う

POINT 9

昆布に含まれるうまみ成分、グルタミン酸は「母乳」にも含まれるアミノ酸です。つまり、だし汁を使った煮物や味噌汁は子どもが先天的に好む味。積極的に活用しましょう。

だし汁の とり方

材料
（作りやすい分量）
水 … 3カップ
昆布、削り節 … 各6g

① 持ち手つきのざるに2〜3等分に切った昆布を入れ、水とともに鍋に入れる（できればこの状態で30分おく）。弱火にかけ、沸騰直前で取り出し、強火で煮立てる。

② 持ち手つきのざるに削り節を入れて①に入れ、火を止めて3分経ったら取り出す。

ごはんを食べてくれないときはどうする？

子どもって、なかなか食事に集中してくれないもの。
そんなときは楽しく食べられるような、雰囲気作りも大事です。

1 おなかのすく状況を作る

ほどよく空腹を感じさせるため、食事の間は最低2時間半あけるようにします。夕食まで待てないときは、栄養補給のチャンス。ブロッコリーやおにぎり、スイートポテトなど、夕食の一部や野菜を使ったおやつをあげましょう。そこで栄養補給できれば、夕食をあまり食べなくても心配いりません。

2 集中できる環境を作る

食べやすい環境作りも大事です。小学校に上がる頃までは、体のバランスを取りながら食べるという、2つの動作を同時に行うのが難しいもの。いすは足裏全体が床に着く高さで、足首とひざが90度に曲がるくらい、机の高さは、胸とおへその間にくるように調整します。また、目の前に玩具やテレビがあると食べることに集中できなくなってしまうため、食事をするときには目に入らない場所にしまいましょう。

3 繰り返し出す

子どもの好き嫌いは、初めて見るものや食べるものが安全かどうか、生まれつきの防衛反応が働いていることがあります。たとえ食べなくても、同じ食材（料理）を繰り返し出して「これは食べても大丈夫だよ」と知らせていくことが大切。何度も目にすることで安全と理解できるようになり、食べられるようになることもあるのです。食べないものはむしろ積極的に出すようにしましょう。

4 お弁当箱に詰めてみる

料理はそのまま、入れる器を変えるだけで興味を持って食べることがあります。料理をお弁当箱に詰めて出してみましょう。室内でレジャーシートや水筒を持って、ピクニックごっこをしてみるのもおすすめ。保育園でもこのお弁当作戦で給食を完食するというケースが何度もありました。

5 たくさんほめる

悩まないで大丈夫！

ほめられることで自己肯定感が高まり、食事が心地よい感覚に変わるので、またその行動をしようとします。遊び食べもつい怒ってしまいがちですが、実は子どもの遊び食べも大切な成長過程のひとつ。目の前の食べ物と向き合っているときにする行動なので、少しでも興味を持っていることをほめるなど、温かく見守ってあげてください。

年齢別食事アドバイス

毎食栄養のバランスを取るのは至難の業。おやつを含めた1日単位で調整しましょう。
外食で野菜がとれない日なども、1週間単位で帳尻合わせをすればOKです。

1歳半〜2歳

自分で食べたい気持ちを優先

自分でスプーンやフォークを持って食べたい時期です。スプーンにのせやすい、フォークでさしやすいような大きさに仕上げましょう。

大人の半量が目安に

1〜2歳児の1日に必要なエネルギー量は、900〜950kcal程度。食べる量は、大人の半量ほどが目安です。1日3食＋2回のおやつで補います。

1回の食事の目安量は本書のレシピの1/6

例　主食：ごはん
　　　　（子ども茶わん1杯約90g）
　　主菜：煮魚（約1/3切れ）
　　副菜：ほうれん草のツナサラダ
　　　　（約40g）
　　汁物：豚汁（約1/2カップ）

3〜5歳

箸の持ち方やマナーも教える

箸の持ち方や、食事のマナーなども伝えます。卵焼きなどは箸で切る練習ができるよう、大きめに切って。ただし途中で疲れないよう、フォークも添えます。

おやつは1日1回に

3〜5歳児の1日に必要なエネルギー量は1250〜1300kcal程度。食べる量は、大人の半量強が目安です。1日3食＋1回のおやつで補います。

1回の食事の目安量は本書のレシピの1/5

例　主食：ごはん
　　　　（子ども茶わん1杯強約110g）
　　主菜：煮魚（約1/2切れ）
　　副菜：ほうれん草のツナサラダ
　　　　（約50g）
　　汁物：豚汁（約120㎖）

※子どもの体格や運動量によっても変動があるため、あくまでも目安として考えましょう。

※1日に必要なエネルギー量は、日本人の食事摂取基準2020年版（厚生労働省）をもとにしています。

おすすめ献立例

毎日の献立を考えるのって、大変ですよね。ここではそのまま真似できる、栄養バランスよく、食べやすいおすすめの組み合わせをご紹介します!

主食がごはん

白米が進まないときは、カルシウムがとれる手作りふりかけや、たんぱく質やビタミン、ミネラルがとれる納豆がおすすめ。

ごはん献立 1

☐ ふりかけおにぎり（P.87）

☐ 肉じゃが（P.28）

☐ 切干大根のマヨサラダ（P.72）

☐ キャベツとコーンの味噌汁（P.77）

主菜と味つけが異なる副菜を組み合わせると、バランスがよくなります。肉じゃががやわらかいので、副菜はかみごたえのあるものを組み合わせましょう。

ごはん献立 2

☐ 納豆ときゅうりのごはん（P.87）

☐ おでん（P.44）

☐ ブロッコリーのサラダ（P.54）

おでんの日はたんぱく質が不足しやすいので、納豆などのたんぱく源をプラスするのがおすすめ。副菜は冷たくてあっさりした、箸休めになるようなものを選びましょう。

□ 鮭の南蛮漬け （P.36）

□ さつまいもの黄金煮 （P.57）

□ かきたま汁 （P.77）

□ ごはん

主菜が酢を使ったさっぱりした味つけに
なるので、副菜にはこってりした温かい
料理を組み合わせると、食べたときの満
足感が高まります。

ごはん献立3

□ カレーライス （P.82）

□ ひじきのマヨネーズサラダ （P.50）

カレーライスは1品で炭水化物、たんぱ
く質、ビタミン、ミネラルがとれるため、
副菜を1品つければOK。さらに汁物を
追加すると、塩分の過剰摂取になりやす
いのでここではつけません。

ごはん献立4

□ 煮魚 （P.40）

□ ほうれん草のツナサラダ （P.48）

□ 豚汁 （P.76）

□ ごはん

主菜や副菜で野菜が足りない……と感
じたときは、具だくさんの汁物をつけて
調整しましょう。やわらかい主菜のとき
は、副菜か汁物でかみごたえのあるもの
をプラスするといいですよ。

ごはん献立5

おすすめ献立例-2

主食がパン

パンは塩分を含むので、全体の塩分バランスが多くならないように気をつけましょう。

パン献立 **1**

□ **ポークビーンズ**（P.30）

□ **ポテトサラダ**（P.56）

□ **食パン**

ポークビーンズはパンとごはん、どちらとも相性抜群のレシピです。煮汁を多めに作って主菜＋汁物としたり、煮汁を少なめにしてスープをつけたり、さまざまなアレンジができます。

パン献立 **2**

□ **メカジキのピカタ**（P.43）

□ **スパゲティサラダ**（P.60）

□ **コーンスープ**（P.78）

□ **ロールパン**

副菜がひとかたまりでない料理の場合、主菜にはフォークや箸で簡単につかめそうな料理を組み合わせると◎。両方食べるのが難しい献立と比べて、集中力が持続しやすくなります。

□ **ロールキャベツ**（P.35）

□ **トマトとしめじのマリネ**（P.51）

□ **ロールパン**

ロールキャベツは煮汁ごと食べれば、主菜と汁物両方の役割を果たしてくれます。あとは主食のパンと簡単な野菜の副菜を準備すればOKです。

□ **フレンチトースト**（P.98）

□ **ポトフ**（P.79）

朝食におすすめの献立。睡眠中は体温が下がるため、朝は温かいもので体を温めましょう。フレンチトーストは冷凍して焼くだけにしておけば、忙しい朝にも簡単に炭水化物とたんぱく質がとれます。

□ **チキングラタン**（P.27）

□ **ごまドレッシングサラダ**（P.59）

□ **にんじん入りオレンジゼリー**（P.102）

□ **食パン**

デザートは果物でもよいのですが、食事であまり野菜がとれない日は、野菜が入ったゼリーがおすすめ。おやつに混ぜ込めば野菜を食べられることも多いので、野菜嫌いの子どもにも。

時間がない日

30分ですべて作れる献立や、1品でバランスのいい主食、
作り置きを活用した献立など、忙しい日にも役立つ組み合わせです。

□ **ミートソーススパゲティ**（P.18）

□ **キャベツの大豆サラダ**（P.61）

ミートソースは冷凍しておけば、温めて
麺をゆでるだけ。あとは副菜を準備すれ
ばOKです。スパゲティは咀嚼回数が少
なくなりがちなので、よくかんで食べら
れる大豆を使った副菜を合わせました。

□ **中華丼**（P.90）

□ **わんたんスープ**（P.80）

1品で炭水化物、たんぱく質、ビタミン、
ミネラルがとれる丼物は保育園でもよく
作ります。中華丼はどんな野菜でも作れ
るので、冷蔵庫に余っている野菜でアレ
ンジしてみてください。

□ **鶏肉のポテト焼き**（P.24）

□ **五目きんぴら**（P.65）

□ **キャベツとコーンの味噌汁**（P.77）

□ **ごはん**

主菜と副菜は時間のあるときに作って冷
凍を。あとは味噌汁を作れば完成です。
短時間で作るごはんは野菜が不足しがち
なので、野菜たっぷりの五目きんぴらが
大活躍してくれます。

1章

肉・魚の
メインおかず

主菜は、体を作るたんぱく質を中心にとれるひと皿に
仕上げます。肉や魚に偏ることのないように、
バランスよく使いましょう。
苦手な子どもの多いレバーですが、ここで紹介している
レシピは保育園で1位を争うほどの大人気！
ぜひ作ってみてください。

肉と魚調理の7つのポイント

たんぱく源として、毎日の主菜の主役となる肉や魚。
かたさやパサつきを抑えることで、子どももぐっと食べやすくなります。

小麦粉をまぶす

小麦粉を薄くまぶして調理すると、身がコーティングされてうまみや水分が閉じ込められるので、パサつき防止になります。やわらかく仕上がり、調味料もからみやすくなるので、薄味でもおいしくいただけます。

豚肉は小さく切る

豚肉は鶏肉よりもかみ切りにくいもの。1〜2cm大に切るようにしましょう。3歳後半頃になると、3cm大ほどの大きさでも食べられるようになります。鶏肉の皮は1〜2歳児にはかみ切りにくいので、皮を除いたり、皮なしのものを使用するとよいでしょう。

ひき肉には野菜を混ぜる

ひき肉は少しでも臭みが残っていると、食べない原因につながります。しっかり炒めた玉ねぎを加えたり、肉の分量の半量ほど、たっぷりと野菜を刻んで混ぜ込むのがおすすめです。臭みが気にならなくなるだけでなく、風味よく、歯切れもよくなります。

魚は新鮮なものを使う

幼児期は消化・吸収能力や免疫機能が発達段階なので、抵抗力が大人よりも弱くなります。そのため、食中毒やアレルギーも大人より起こりやすくなります。できるだけ新鮮な魚を使用するようにしましょう。

生姜、にんにくはチューブでもOK

生姜やにんにくは、風味づけ程度であれば、1歳以降から使用可能です。本書のレシピでも使用していますが、こちらは手軽なチューブのものを使ってもOK。ただし、チューブの生姜はしぼり汁より辛みが強くなるため、分量を半量にして加えてください。

揚げ物は170℃で

揚げ物はカリッとさせることを意識しすぎると、表面がかたくなったり、苦みにつながって食べにくくなることがあります。子ども向けの揚げ物は、あまり温度を上げすぎないようにしましょう。170℃ほどの中温が適温です。

オーブン&トースターを活用

フライパンだと表面に加わる熱が強いので、中に火が通るまでにまわりがかたくなってしまうことがあります。オーブンはまわりの空気を熱し、全体をじっくり加熱するので、子どもにかみ切りやすいかたさに仕上がります。また、火加減を気にしたり、上下を返すことなく放っておけるので、意外と手軽。トースターもフライパンよりかたくなりにくいのでおすすめ。フライパンで焼く場合は、弱火でじっくり加熱しましょう。

1位 # ミートソーススパゲティ

YouTubeでも大人気のレシピ。肉の1.5倍の野菜を入れることで、栄養も食べやすさもアップします。

材料 (大人2人+子ども1人分)

スパゲティ（乾）…230g
豚ひき肉…120g
にんじん…1/3本(60g)
玉ねぎ…1/2個(120g)
油…大さじ1/2
小麦粉…大さじ1と1/3
水…180㎖

A｜トマトケチャップ…大さじ5と1/2
　｜中濃ソース…小さじ2
　｜塩、こしょう…各少々
粉チーズ…大さじ2

作り方

1 鍋に湯を沸かし、スパゲティを3等分に折って入れ、袋の表示時間より3分長めにゆでる。ゆで上がったらざるに上げ、油少々（分量外）をからめる。

> 塩分が多くなってしまうので、湯に塩は加えません。

2 にんじん、玉ねぎはみじん切りにする。

3 フライパンに油を中火で熱し、**2**を5分ほど炒める。弱火にしてさらに10分ほど炒める。ひき肉を加えてほぐしながら炒め、色が変わったら火を止め、小麦粉を加えて混ぜる。粉っぽさがなくなったら再び弱火にかけ、水を加え、混ぜながらとろみをつける。

> 野菜をよく炒めることで甘く濃厚なミートソースに。

4 **A**を加え、ときどきかき混ぜながら、弱火で15分ほど煮る。器に盛った**1**にかけ、粉チーズをふる。

POINT

スパゲティは3等分に折ってゆでると、子どもにも食べやすくなります。

作り置きOK!

冷凍2週間
（ミートソースのみ）

保存袋に入れて冷凍保存。食べるときは電子レンジで半解凍後、鍋に移し、温めてください。

2位 レバーの竜田揚げ

卒園前にもう一度食べたい給食として毎年リクエストされる人気メニュー。甘辛いたれがやみつきに。

材料 (大人2人+子ども1人分)

豚レバー…250g
A 酒、しょうゆ
　　…各小さじ1/2
　ごま油…小さじ1/3
　生姜のしぼり汁
　　…少々
片栗粉…大さじ4
揚げ油…適量
たれ
　ピーマン…1個(40g)
　ごま油…小さじ1/2
B 水…40mℓ
　酒…小さじ2
　砂糖、しょうゆ
　　…各大さじ1/2

作り方

1 レバーはよく洗い、血抜きをしてざるに上げ、水けをきる。ポリ袋に**A**を入れ、レバーを加えてもみ、冷蔵庫に15分ほどおく。ピーマンは1cm四方に切る。

2 たれを作る。小さめのフライパンにごま油を中火で熱し、ピーマンを3分ほど炒める。**B**を加えて弱火にし、3分ほど煮つめる。

3 **1**のレバーをざるに上げ、汁けをしっかりときる。揚げ油を中温(約170℃)に熱し、レバーに片栗粉をまぶして入れ、5分ほど揚げる。器に盛り、**2**をかける。

油の温度が高すぎると油はねしやすくなるので、気をつけながら揚げてください。

POINT

レバーはたっぷりの水でほぐしながら洗ったら、流水に30分ほどさらし、血抜きをします。レバー特有の臭みが取れて、食べやすくなります。

鶏の唐揚げ

シンプルな味つけが人気！ 揚げすぎるとかたくなるので、ほんのりきつね色の揚げ色を目安にして。

材料 (大人2人+子ども1人分)

鶏もも肉…1枚(250g)
A しょうゆ…小さじ2
　　生姜のしぼり汁
　　　…小さじ1/2
片栗粉…大さじ3
揚げ油…適量

作り方

1 鶏肉は1個が20gくらいの大きさに切る。

唐揚げ用の鶏肉なら半分に切ります。

2 ポリ袋にAを入れ、**1**を加えてもみ、冷蔵庫に15分ほどおく。

3 揚げ油を中温(約170℃)に熱し、**2**に片栗粉をまぶして入れ、返しながら5分ほど揚げる。

片栗粉は全部一度にまぶすとベタッとした仕上がりに。1個ずつまぶしましょう。

 作り置きOK!
冷凍2週間

ラップで包み、保存袋に入れて冷凍庫へ。食べるときは電子レンジで半解凍後、オーブントースターで焼き直します。

👑4位 麻婆豆腐

辛みをつけずに作る麻婆豆腐。にんじんを加えて、ビタミンもしっかりとれるひと皿に仕上げます。

（材料）（大人2人＋子ども1人分）

木綿豆腐 … 240g
豚ひき肉 … 70g
にんじん … 1/6本（30g）
長ねぎ … 1/2本（50g）
ごま油 … 大さじ1
A｜水 … 250㎖
　｜砂糖、しょうゆ
　｜　… 各小さじ2
　｜味噌 … 大さじ1/2
　｜塩 … 少々
片栗粉 … 大さじ1

（作り方）

1 にんじん、長ねぎはみじん切りにする。Aは合わせておく。

2 フライパンにごま油を弱火で熱し、**1**の野菜を7分ほど炒める。ひき肉を加えてほぐしながら炒め、色が変わったらAを加え、10分ほど煮る。

3 豆腐は1.5cm角に切る。鍋に湯を沸かし、豆腐を入れ、浮いてくるまで3分ほどゆでてざるに上げる。

4 **2**に豆腐を加えてからめ、弱火で5分ほど煮る。火を止め、同量の水（分量外）で溶いた片栗粉を加えて混ぜる。再び弱火にかけ、2分ほどとろみがつくまで煮る。

野菜をやわらかくするために長く煮るので、煮くずれしにくい木綿豆腐を使い、下ゆでをしておきます。

 鮭のタルタルソース焼き

野菜たっぷり、ゆで卵を使わない簡単タルタルソースをのせて焼き、香ばしい仕上がりに。

(材料)（大人2人＋子ども1人分）

生鮭 … 2と1/2切れ
塩、こしょう … 各少々
タルタルソース
　にんじん … 1/5本 (40g)
　玉ねぎ … 1/6個 (30g)
　油 … 小さじ1と1/3
　A｜マヨネーズ
　　　… 大さじ1と2/3
　｜ドライパセリ … 適量

(作り方)

1　鮭は骨を除き、1切れを1〜2歳児は3等分、3〜5歳児は半分に切る。両面に塩、こしょうをふり、冷蔵庫に15分ほどおく。にんじん、玉ねぎはみじん切りにする。

2　タルタルソースを作る。フライパンに油を弱火で熱し、にんじん、玉ねぎを10分ほど炒めて取り出す。粗熱が取れたらAを加えて混ぜる。

3　オーブンシートを敷いた天板に鮭を並べ、200℃に予熱したオーブンで10分ほど（オーブントースターで焼く場合も10分ほど）焼く。一度取り出してタルタルソースを等分にのせ、さらに5分ほど（オーブントースターで焼く場合も5分ほど）焼く。

玉ねぎは辛みを飛ばして甘みを引き出すよう弱火でじっくりと炒めます。

鶏肉の
ポテト焼き 卵

外はサクッ、中はふんわり。
高温で焼くとこげやすいので、気をつけて。

（ 材料 ）（大人2人＋子ども1人分）

鶏もも肉…1枚（250g）
塩、こしょう…各少々
マヨネーズ…大さじ3
マッシュポテトフレーク…20g

（ 作り方 ）

1　鶏肉は1個が20gくらいの大きさに切り、塩、こしょうをふってもむ。マヨネーズをからめ、マッシュポテトフレークを軽く押しつけるようにまぶす。

2　オーブンシートを敷いた天板に並べ、180℃に予熱したオーブンで30分ほど（オーブントースターで焼く場合は20分ほど）焼く。

作り置きOK!
冷凍2週間
ラップで包み、保存袋に入れて冷凍庫へ。食べるときは電子レンジで半解凍後、オーブントースターで焼き直します。

タンドリーチキン 乳

辛くないタンドリーチキン。ヨーグルトをもみ込むことで、肉がやわらかく焼き上がります。

（ 材料 ）（大人2人＋子ども1人分）

鶏もも肉…1枚（250g）
A｜プレーンヨーグルト（無糖）…大さじ2と1/2
　｜トマトケチャップ…大さじ1
　｜カレー粉…小さじ1/3
　｜塩、おろしにんにく、生姜のしぼり汁
　｜　…各少々

（ 作り方 ）

1　鶏肉は1個が20gくらいの大きさに切る。

2　ポリ袋にAを入れ、1を加えてもみ、冷蔵庫に30分ほどおく。

3　オーブンシートを敷いた天板に並べ、200℃に予熱したオーブンで20分ほど（オーブントースターで焼く場合も20分ほど）焼く。

作り置きOK!
冷凍2週間
ラップで包み、保存袋に入れて冷凍庫へ。食べるときは電子レンジで温めます。

※ 乳製品アレルギーの子どもには、ヨーグルトを同じ分量の無調整豆乳に代えて作ります。

鶏肉の胡麻味噌焼き

子どもに人気の味噌味。こげそうになったら、
途中でアルミホイルをかぶせて。

(材料)（大人2人＋子ども1人分）

鶏もも肉…1枚（250g）
A 味噌 … 小さじ1強
　 砂糖 … 小さじ1と1/3
　 みりん … 小さじ1
　 しょうゆ … 小さじ1/2
白いりごま … 大さじ1と1/2

(作り方)

1　鶏肉は1個が20gくらいの大きさに切る。

2　ポリ袋にAを入れ、1を加えてもみ、冷蔵庫に
　　15分以上おく。白ごまを加えて混ぜる。

3　オーブンシートを敷いた天板に並べ、200℃に
　　予熱したオーブンで20分ほど（オーブントースタ
　　ーで焼く場合も20分ほど）焼く。

作り置きOK!
冷凍2週間
ラップで包み、保存袋に
入れて冷凍庫へ。食べる
ときは電子レンジで温め
ます。

作り置きOK!
冷凍2週間
ラップで包み、保存袋に
入れて冷凍庫へ。食べる
ときは電子レンジで温め
ます。

鶏肉の
マーマレード煮 小麦

マーマレードのおかげで照りが出て、濃厚な味に。
3歳以上の子どもなら、手羽元で作っても。

(材料)（大人2人＋子ども1人分）

鶏もも肉…1枚（250g）
小麦粉 … 大さじ1と1/3
A 水 … 20㎖
　 おろしにんにく
　 … 小さじ1/2

マーマレードジャム
　 … 大さじ2と1/2
酒 … 大さじ1/2
しょうゆ … 大さじ1/2

(作り方)

1　鶏肉は1個が20gくらいの大きさに切り、薄く
　　小麦粉をまぶす。

2　オーブンシートを敷いた天板に並べ、200℃に
　　予熱したオーブンで10分ほど（オーブントースタ
　　ーで焼く場合も10分ほど）焼く。

3　鍋にAを入れて煮立て、2を加え、返しながら
　　ごく弱火で10分ほど、煮汁をからめながら煮る。

鶏肉の生姜焼き

大人も子どもも大好きな生姜焼き。
ごはんによく合う甘辛い味つけです。

(材 料)（大人2人＋子ども1人分）

鶏もも肉…1枚(250g)
A｜しょうゆ、みりん…各大さじ1/2
　｜生姜のしぼり汁…小さじ1/2

(作り方)

1 鶏肉は1個が20gくらいの大きさに切る。

2 ポリ袋にAを入れ、1を加えてもみ、冷蔵庫に15分以上おく。

3 オーブンシートを敷いた天板に並べ、200℃に予熱したオーブンで15分ほど（オーブントースターで焼く場合も15分ほど）焼く。

作り置きOK!
冷凍2週間

ラップで包み、保存袋に入れて冷凍庫へ。食べるときは電子レンジで温めます。

鶏肉のさっぱり煮 卵（うずら） 小麦

酢のおかげで肉がやわらかく煮上がります。
さっぱりとした後味も人気の秘密。

(材 料)（大人2人＋子ども1人分）

鶏もも肉…1枚(250g)　　酢…小さじ1/2
小麦粉…大さじ1と1/3　　しょうゆ…大さじ1/2
うずらの卵(水煮)…5個　　酒…小さじ1/2
A｜水…120mℓ　　　　　生姜のしぼり汁
　｜砂糖…大さじ1/2　　　　…小さじ1/2

(作り方)

1 鶏肉は1個が20gくらいの大きさに切り、薄く小麦粉をまぶす。

2 オーブンシートを敷いた天板に並べ、200℃に予熱したオーブンで10分ほど（オーブントースターで焼く場合も10分ほど）焼く。

3 鍋にAを煮立て、2、うずらの卵を加えて返しながら中火で5分ほど煮る。弱火にし、煮汁をからめながら、3分ほど煮る。

4 うずらの卵を4つ割りにして（誤嚥予防のため）、器に盛る。

作り置きOK!
冷凍2週間

うずらの卵を除いてラップで包み、保存袋に入れて冷凍庫へ。食べるときは電子レンジで温めます。

チキングラタン

具とソースをひと鍋で仕上げるから、簡単！ スキムミルクで脂質は抑えつつ、カルシウムを補給。

材料 (大人2人+子ども1人分)

鶏むね肉 (皮なし) … 130g
玉ねぎ … 2/3個 (140g)
マカロニ (乾) … 30g
バター (食塩不使用) … 15g
小麦粉 … 大さじ1と2/3
A│ スキムミルク … 大さじ4
　│ ぬるま湯 … 1カップ
B│ 顆粒コンソメ、塩 … 各少々
C│ パン粉 … 大さじ1と2/3
　│ 粉チーズ … 大さじ1弱
ドライパセリ … 適量

作り方

1 鶏肉は1cm角に切る。玉ねぎは横半分に切ってから、縦2mm幅の薄切りにする。マカロニは袋の表示時間通りにゆでて (塩は加えない)、ざるに上げる。A、Cはそれぞれ合わせておく。

2 鍋にバターを弱火で熱し、玉ねぎを15分ほど炒める。鶏肉を加え、表面の色が変わったら火を止め、小麦粉をふり入れてからめる。粉っぽさがなくなったら再び弱火にかけ、Aを3回に分けて加え、そのつど混ぜる。とろみがついてきたら火を止め、マカロニ、Bを加えて混ぜる。

3 耐熱の器に流し入れ、Cをふり、200℃に予熱したオーブンで10分ほど (オーブントースターで焼く場合も10分ほど) 焼く。ドライパセリをふる。

玉ねぎは弱火でじっくり、こがさないように炒めて、真っ白なホワイトソースに。

小麦粉は熱いところに入れるとダマになりやすいので、火を止めてから加えましょう。

作り置きOK!
冷凍2週間
作り方2まで作り、アルミカップに盛り、ラップをかけて保存容器に入れて冷凍庫へ。食べるときはパン粉と粉チーズをかけ、そのままオーブントースターで焼きます。

肉じゃが

やわらかく仕上げるため、加熱時間は少し長めに。煮くずれしにくいメークインがおすすめです。

（ 材料 ）(大人2人+子ども1人分)

じゃがいも (メークイン)
　…1と1/2個(230g)
にんじん…1/3本(70g)
玉ねぎ…1/3個(70g)
豚もも薄切り肉…90g
しらたき…50g
グリーンピース (冷凍)
　…大さじ1
油…大さじ1
A　だし汁…1と1/4カップ
　　砂糖…大さじ1
しょうゆ…大さじ1弱

（ 作り方 ）

1　じゃがいもは2cm幅のいちょう切りにし、水に5分ほどさらし、水けをきる。にんじんは4つ割りにしてから小さめの乱切りにする。玉ねぎは横半分に切ってから、縦5mm幅の薄切りにする。

2　豚肉は1cm幅に切る。しらたきは2cm幅に切り、1分ほど下ゆでして水けをきる。グリーンピースは熱湯で1分ほどゆでて水けをきる。

3　鍋に油を弱火で熱し、にんじん、玉ねぎを7分ほど炒める。玉ねぎがしんなりしたら、豚肉を加え、色が変わるまで炒める。じゃがいもを加えて2分ほど炒める。

4　A、しらたきを加える。火を強め、煮立ったら弱火にし、落としぶたをして15分ほど煮る。しょうゆを加え、落としぶたをしてさらに10分ほど煮る。

5　火を止め、グリーンピースを加えて混ぜる。そのまま冷まし、味をなじませる。

煮る前に炒めることで、油で野菜のうまみが閉じ込められ、コクが出ておいしく仕上がります。

作り置きOK!

冷蔵3日間

清潔な保存容器に入れて、冷蔵庫へ。

豚だいこん 小麦

保育園でも大人気の甘辛味。豚肉は小麦粉をもみ込むことで、やわらかな口当たりに。

材料 (大人2人+子ども1人分)

豚もも薄切り肉…200g
大根…1/6本(150g)
にんじん…1/3本(75g)
こんにゃく…40g
小麦粉…大さじ1
油…小さじ1と1/3
だし汁…1と1/2カップ
A│砂糖…大さじ1/2
　│みりん…小さじ1/2
B│味噌…大さじ1
　│しょうゆ…小さじ1

作り方

1. 大根、にんじんは5mm幅の小さめの三角形に切る。こんにゃくは厚みを半分にし、縦4等分に切ってから横2mm幅に切り、1分ほど下ゆでして水けをきる。

2. 豚肉は2〜3cm幅に切り、小麦粉をふってもむ。Bは合わせておく。

3. 鍋に油を中火で熱し、大根、にんじんを5分ほど炒める。豚肉を加えて弱火にし、色が変わるまで炒める。

4. だし汁を加えて火を強め、煮立ったらアクを取る。こんにゃく、Aを加えて落としぶたをし、弱火で10分ほど煮る。

5. 大根がやわらかくなったらBを加え、落としぶたをしてさらに15分ほど煮る。そのまま冷まし、味をなじませる。

POINT

大根はまず輪切りを縦に3〜4等分に切り、小さい三角形になるように切ってから、5mm幅に切ります。

作り置きOK!

冷蔵3日間

清潔な保存容器に入れて、冷蔵庫へ。

ポークビーンズ

ごはんにもパンにもよく合う甘めのケチャップ味。大豆は缶詰でもドライパックでもOKです。

(材料)（大人2人＋子ども1人分）

豚もも薄切り肉…90g
大豆（水煮）…140g
にんじん…1/3本(70g)
玉ねぎ…1/2個(100g)
油…大さじ1
A｜水…1と1/4カップ
　｜砂糖…小さじ1強
B｜トマトケチャップ…大さじ2
　｜塩、こしょう…各少々

(作り方)

1 にんじんは4つ割りにしてから小さめの乱切りにする。玉ねぎは横半分に切り、縦5mm幅の薄切りにする。豚肉は1〜2cm幅に切る。

2 鍋に油を中火で熱し、にんじん、玉ねぎを7分ほど炒める。玉ねぎがしんなりしたら、豚肉を加え、色が変わるまで炒める。

3 水けをきった大豆を加えてひと混ぜし、Aを加えて弱火にし、10分ほど煮る。Bを加え、ときどき混ぜながらさらに15分煮る。そのまま冷まし、味をなじませる。

作り置きOK!

冷蔵3日間

清潔な保存容器に入れて、冷蔵庫へ。

豆腐のつくね焼き 卵 小麦

豆腐を加えてふわふわ食感に。小さな子どもにもおすすめです。ひじき入りでミネラルもとれます。

材料 (大人2人＋子ども1人分)

木綿豆腐 … 2/3丁 (200g)
鶏ひき肉 … 90g
芽ひじき (乾) … 大さじ1/2 (1.5g)
にんじん … 1/5本 (40g)
玉ねぎ … 1/5個 (40g)
溶き卵 … 1/3個分
油 … 小さじ1と1/3
A パン粉 … 大さじ5と1/2
　砂糖 … 小さじ1/2
　しょうゆ … 小さじ1/3
　塩 … 少々
B 砂糖 … 小さじ1強
　しょうゆ … 小さじ1

作り方

1 鍋に湯を沸かし、豆腐を入れ、1分30秒ほどゆでてざるに上げる。粗熱が取れたら、目の細かいざるの中で手で細かくつぶし、5分ほどおいて水けをきる。これを繰り返し、しっかりと水けをきる。

2 ひじきは水に10分ほどつけてもどし、水けをきる。にんじん、玉ねぎはみじん切りにする。

3 フライパンに油を弱火で熱し、2を10分ほど炒め、粗熱を取る。

4 ボウルに1、3、ひき肉、卵、Aを入れて手でよく混ぜる。5等分にして、丸く成形する。天板にオーブンシートを敷いて油 (分量外) を塗り、並べる。200℃に予熱したオーブンで20分ほど (オーブントースターで焼く場合も20分ほど) 焼く。

5 耐熱ボウルにBを入れ、ラップをかけずに電子レンジで40秒ほど加熱する。温かいうちに、焼き上がった4に塗る。

POINT

豆腐はしっかりと水きりするのがコツ。下ゆでし、つぶしては水きりするのを繰り返し、ポロポロになるまで水きりします。

作り置きOK!
冷凍2週間

ラップで包み、保存袋に入れて冷凍庫へ。食べるときは電子レンジで温めます。

キャベツのメンチカツ

驚くほどたっぷりのキャベツで、軽い口当たりに仕上げます。お好みでソースを添えて。

(材料)(大人2人+子ども1人分)

豚ひき肉…100g
キャベツ…2と1/2枚(130g)
塩…少々
A 溶き卵…1/2個分
　　パン粉…1/2カップ
　　スキムミルク…大さじ1
　　塩、こしょう…各少々
B 溶き卵…1/2個分
　　小麦粉…大さじ1と2/3
　　水…大さじ1
パン粉…1/2カップ
揚げ油…適量

(作り方)

1 キャベツはみじん切りにしてボウルに入れ、塩をふってもむ。15分ほどおき、水けをしっかりしぼる。

2 別のボウルにひき肉、**A**を入れ、粘りが出るまで練り混ぜる。**1**を加えて混ぜ、5等分し、手のひらでキャッチボールをするように空気を抜き、丸く成形する。合わせた**B**、パン粉の順にまぶす。

3 揚げ油を中温（約170℃）に熱し、**2**を入れる。2分ほど経ったら上下を返し、2分ほど揚げる。上下を返しながら、さらに3分ほど揚げる。

キャベツは塩もみすることでひき肉になじみやすくなります。しっかり水分をしぼり、肉だねが水っぽくなるのを防いで。

揚げ鍋のまわりについた茶色い泡を取りながら揚げると、きれいな色に。

作り置き〇K!
冷凍2週間
ラップで包み、保存袋に入れて冷凍庫へ。食べるときは電子レンジで半解凍後、オーブントースターで焼きます。

コロッケ 小麦

マッシュポテトフレークは手軽なお助けアイテム！ スキムミルクと合わせてカルシウムをアップ。

(材料) (大人2人+子ども1人分)

豚ひき肉 … 80g
にんじん … 1/3本 (70g)
玉ねぎ … 1/3個 (70g)
油 … 大さじ1/2
塩 … 少々
A マッシュポテトフレーク
 … 60g
 スキムミルク
 … 大さじ2と1/3
熱湯 … 170㎖
B 小麦粉 … 大さじ3
 水 … 40㎖
パン粉 … 3/4カップ
揚げ油 … 適量

(作り方)

1 にんじん、玉ねぎはみじん切りにする。

2 フライパンに油を中火で熱し、1を5分ほど炒める。弱火にし、さらに5分ほど炒める。ひき肉を加え、ほぐしながら色が変わるまで炒めたら、塩をふり、さらに1分ほど炒める。バットに移して冷ます。

3 ボウルにAを合わせ、熱湯を注いで手早く混ぜる。

4 2を加えて混ぜ、5等分にして丸く成形し、合わせたB、パン粉の順にまぶす。

5 揚げ油を高温 (約180℃) に熱し、4を入れる。2分ほど経ったら上下を返し、2分ほど揚げる。上下を返しながら、さらに1分ほど揚げる。

スキムミルクは溶けにくいため、熱湯を入れる前にマッシュポテトとしっかり混ぜ合わせておきましょう。この時点では少しかためでOK。

割れ目ができないように、親指と人差し指で押さえるようにして生地をくっつけてください。

作り置きOK!
冷凍2週間
ラップで包み、保存袋に入れて冷凍庫へ。食べるときは電子レンジで半解凍後、オーブントースターで焼きます。

ハンバーグ

パン粉を多めに入れることで、卵を加えなくても、ふんわりした口当たりのハンバーグに。

材料 (大人2人+子ども1人分)

豚ひき肉…250g
玉ねぎ…1/2個(90g)
油…大さじ1/2
A│ぬるま湯…大さじ2
 │スキムミルク
 │　…大さじ1強
B│パン粉…3/4カップ
 │塩、こしょう…各少々
トマトケチャップ…小さじ2

作り方

1 玉ねぎはみじん切りにする。フライパンに油を弱火で熱し、しんなりするまで7分ほど炒め、粗熱を取る。Aは混ぜ合わせておく。

2 ボウルにひき肉、玉ねぎ、A、Bを加え、粘りが出るまで練り混ぜる。5等分し、手のひらでキャッチボールをするように空気を抜き、丸く成形する。

3 オーブンシートを敷いた天板に並べ、真ん中を軽く押してくぼませ、180℃に予熱したオーブンで20分ほど(オーブントースターで焼く場合も20分ほど)焼く。器に盛り、ケチャップを添える。

オーブンで焼くことで生焼けの心配がなく、失敗を防げます。

作り置きOK!
冷凍2週間

ラップで包み、保存袋に入れて冷凍庫へ。食べるときは電子レンジで温めます。

ロールキャベツ

大きな葉がなくてもOK! キャベツはかみ切りにくいので、必ず輪切りにしてから器に盛ります。

材料 (大人2人+子ども1人分)

キャベツ …1/4個(250g)
豚ひき肉 …200g
玉ねぎ …1/3個(60g)
油 …大さじ1/2
A｜溶き卵 …1/2個分
　｜パン粉 …1/2カップ弱
　｜塩、こしょう …各少々
B｜水 …1と1/4カップ
　｜顆粒コンソメ
　｜　 …小さじ1/2
　｜塩 …少々

作り方

1　キャベツは1/4個のかたまりのまま芯を切り落とし、1枚ずつはがす（はがしにくい部分はかたまりのままでよい）。熱湯で5分ほどゆで、ざるに上げ、粗熱を取る。かたまりでゆでていた部分は1枚ずつはがし、太い軸の部分は、葉と厚みを揃えてそぐ。

2　キャベツの軸、玉ねぎはみじん切りにする。

3　フライパンに油を弱火で熱し、2をしんなりするまで7分ほど炒めて、粗熱を取る。

4　ボウルに3、ひき肉、Aを入れ、粘りが出るまで練り混ぜる。5等分し、俵形に整える。まず1の小さい葉で包み、次に大きい葉の中心よりやや下にのせる。左右の葉を折り込み、くるくるときつめに巻く。

5　小さめの鍋に、4の巻き終わりを下にしてすき間ができないように並べる。余ったキャベツはすき間を埋めるように入れ、Bを加えて落としぶたをし、弱火で30分ほど煮る。4〜5等分の輪切りにして器に盛り、煮汁をかける。

POINT

小さい葉でも数枚重ねてつなぎ合わせれば、問題なく包むことができます。多少失敗しても、小さめの鍋にキッチリと詰めて動かないようにして煮れば、はがれることなく煮上がります。

作り置きOK!
冷凍2週間
切る前の状態で煮汁ごと保存袋に入れて冷凍庫へ。食べるときは電子レンジで温めます。

鮭の南蛮漬け

魚がさっぱり食べられます。甘みがあり、子どもにもかみ切りやすいトマトときゅうりを使って。

材料 (大人2人+子ども1人分)

生鮭 … 2と1/2切れ
きゅうり … 1/2本(50g)
トマト … 1/2個(100g)
A| 酒、しょうゆ … 各小さじ1
  | 生姜のしぼり汁 … 少々
B| だし汁 … 40㎖
  | 砂糖 … 大さじ1
  | 酢 … 小さじ2
  | しょうゆ … 大さじ1/2
油 … 大さじ1
小麦粉 … 大さじ3と1/3

作り方

1 鮭は骨を除き、1切れを1〜2歳児は3等分、3〜5歳児は半分に切る。ボウルにAを合わせ、鮭を入れてからめ、冷蔵庫に15分ほどおく。

2 トマトは湯むきし、1cm角に切り、ざるに入れる。きゅうりは2mm幅の半月切りにする。きゅうりを熱湯で1分ゆでて、水にとって冷まし、水けをしぼる。

3 鍋にBを入れて煮立て、弱火で1分ほど加熱して火を止め、2を加えて混ぜる。

4 フライパンに油を弱火で熱し、1に薄く小麦粉をまぶして入れる。5分ほど揚げ焼きにしたら上下を返し、さらに5分ほど揚げ焼きにする。油をきって器に盛り、3をかける。

> 表面がこげないように様子を見ながら火加減を調節してください。

鮭のムニエル 卵 小麦

子どもは魚のパサつきが苦手。焼き上がりに
溶かしバターをかけて、しっとり食べやすく。

（ 材 料 ）（大人2人＋子ども1人分）

生鮭 … 2と1/2切れ
塩、こしょう … 各少々
小麦粉 … 大さじ1と1/3
バター（食塩不使用）…7g

（ 作り方 ）

1 鮭は骨を除き、1切れを1〜2歳児は3等分、
3〜5歳児は半分に切る。両面に塩、こしょう
をふり、冷蔵庫に15分ほどおく。

2 天板にオーブンシートを敷いて油（分量外）を塗
り、1に薄く小麦粉をまぶして並べる。200℃
に予熱したオーブンで15分ほど（オーブントース
ターで焼く場合も15分ほど）焼く。

3 耐熱容器にバターを入れてラップをかけ、電子
レンジで20秒ほど加熱して溶かす。器に2を盛
り、バターをかける。

たらのパン粉焼き 卵 小麦

出てきた水けをしっかり拭いて
からりとした焼き上がりに

（ 材 料 ）（大人2人＋子ども1人分）

たら … 2と1/2切れ
塩、こしょう … 各少々
マヨネーズ … 大さじ2と1/3
パン粉…1/2カップ強

（ 作り方 ）

1 たらは骨を除き、1切れを1〜2歳児は3等分、
3〜5歳児は半分に切る。両面に塩、こしょう
をふり、冷蔵庫に15分ほどおく。水けを拭き、
マヨネーズをからめ、パン粉をまぶす。

2 天板にオーブンシートを敷いて油（分量外）を塗
り、1を並べる。200℃に予熱したオーブンで
20分ほど（オーブントースターで焼く場合も20分ほ
ど）焼く。

たらのチーズ焼き

野菜をケチャップ味でまとめ、チーズで覆って焼くことで、食べやすさアップ。

材料 （大人2人＋子ども1人分）

たら … 2と1/2切れ
玉ねぎ … 1/4個（50g）
にんじん … 1/5本（40g）
ピーマン … 1個（35g）
塩 … 少々
油 … 大さじ1/2
A｜ 水 … 1/2カップ
　｜ トマトケチャップ
　｜ 　 … 小さじ2
　｜ 塩 … 少々
ピザ用チーズ … 大さじ3

作り方

1 たらは骨を除き、1切れを1〜2歳児は3等分、3〜5歳児は半分に切る。両面に塩をふり、冷蔵庫に15分ほどおく。

2 玉ねぎは横半分に切ってから、縦1mm幅の薄切りにする。にんじん、ピーマンは4cm長さのせん切りにする。

3 フライパンに油を中火で熱し、2を5分ほど炒める。Aを加えて3分ほど煮て、さらに汁けを飛ばすように混ぜながら、2分ほど煮つめる。

4 オーブンシートを敷いた天板に水けを拭いたたらを並べ、3をかける。180℃に予熱したオーブンで10分ほど（オーブントースターで焼く場合も10分ほど）焼く。いったん取り出して、ピザ用チーズを等分にかけ、さらに5分ほど（オーブントースターで焼く場合も5分ほど）焼く。

たらから水分が出やすいので、焼く前にしっかりと水けを拭き取りましょう。

チーズが冷めてかたまると食べにくいので、冷めたらキッチンばさみでチーズをカットしてあげましょう。

ぶり大根 小麦

煮る前に小麦粉をまぶして焼くことで、
香ばしく、煮くずれもしにくくなります。

(材料) (大人2人+子ども1人分)

ぶり … 2と1/2切れ
大根 … 1/5本 (200g)
小麦粉 … 大さじ1

A だし汁 … 2カップ
砂糖 … 大さじ1
酒 … 小さじ2/3
しょうゆ … 小さじ2

(作り方)

1 ぶりは骨を除き、1切れを1〜2歳児は3等分、3〜5歳児は半分に切る。オーブンシートを敷いた天板に、薄く小麦粉をまぶしたぶりを並べ、200℃に予熱したオーブンで10分ほど（オーブントースターで焼く場合も10分ほど）焼く。

2 大根は1cm幅の小さめの三角形に切る。

3 鍋にA、2を入れて煮立て、落としぶたをして大根がやわらかくなるまで弱火で20分ほど煮る。しょうゆを加え、ぶりをあいているところに並べる。再び落としぶたをして、弱火で10分ほど煮る。そのまま冷ます。

ぶりの照り焼き

高温で焼くとこげやすいので、
少し低めの温度でじっくりと焼きます。

(材料) (大人2人+子ども1人分)

ぶり … 2と1/2切れ
A しょうゆ … 大さじ1/2
砂糖 … 小さじ1強
みりん … 小さじ2/3

(作り方)

1 ぶりは骨を除き、1切れを1〜2歳児は3等分、3〜5歳児は半分に切る。ボウルにAを合わせ、ぶりを入れてからめ、冷蔵庫に15分ほどおく。

2 オーブンシートを敷いた天板に1を並べる。180℃に予熱したオーブンで15分ほど（オーブントースターで焼く場合も15分ほど）焼く。

煮魚

カジキや鮭、たらなど、身近な切り身魚に応用できるレシピ。覚えておくと便利です。

(材料) (大人2人+子ども1人分)

さわら … 2と1/2切れ
小麦粉 … 大さじ1
A だし汁 … 1と1/4カップ
　　砂糖 … 大さじ1/2
　　しょうゆ … 大さじ1/2
　　みりん … 小さじ1
　　生姜のしぼり汁
　　　… 少々

(作り方)

1 さわらは骨を除き、1切れを1～2歳児は3等分、3～5歳児は半分に切る。オーブンシートを敷いた天板に、薄く小麦粉をまぶしたさわらを並べ、200℃に予熱したオーブンで10分ほど（オーブントースターで焼く場合も10分ほど）焼く。

2 鍋に**A**を煮立て、**1**を加え、落としぶたをして中火で10分煮る。落としぶたをはずし、煮汁をスプーンでかけながらさらに1分ほど煮る。

3 そのまま冷まし、器に盛り、煮汁をかける。

仕上げに煮汁をかけてあげると、口の中でパサつきがちな魚も食べやすくなります。

さばの味噌煮

さばを熱湯で下処理すると身がかたくなるため、流水＋小麦粉でやわらかく仕上げます。

（ 材料 ） （大人2人＋子ども1人分）

さば … 2と1/2切れ
小麦粉 … 大さじ1と1/2
A｜だし汁 … 1カップ
　｜砂糖 … 大さじ1/2
　｜味噌 … 大さじ1/2
　｜酒 … 小さじ1
　｜しょうゆ、生姜のしぼり汁
　｜　… 各小さじ1/2

（ 作り方 ）

1　さばは骨を除き、1切れを1〜2歳児は3等分、3〜5歳児は半分に切る。流水で洗い、水けを拭く。

2　オーブンシートを敷いた天板に、薄く小麦粉をまぶしたさばを皮を上にして並べ、200℃に予熱したオーブンで10分ほど（オーブントースターで焼く場合も10分ほど）焼く。

3　鍋にAを煮立て、2の皮を上にして入れる。煮汁をスプーンでかけ、落としぶたをして弱火で15分ほど煮る。落としぶたをはずし、煮汁をスプーンでかけながら中火でさらに4〜5分、とろみがつくまで煮る。

4　そのまま冷まし、器に盛り、煮汁をかける。

2歳以下でさばに抵抗がある場合は、白身魚で代用しましょう。

水洗いしたさばに小麦粉をまぶして焼けば、霜降りなどの下処理なしでもOK。やわらかで、臭みもなく仕上がります。

皮を上にして煮ることで、皮が鍋底にくっついてはがれたりせず、きれいな仕上がりに。

メカジキのグラタン （卵）（乳）（小麦）

カレー風味のグラタン仕立てなら、魚嫌いさんもパクリと食べられます。

（ 材 料 ）（大人2人+子ども1人分）

カジキ … 1と1/2切れ
じゃがいも（メークイン）
　… 1個（180g）
玉ねぎ … 1/2個（100g）
カレー粉、塩 … 各少々
マヨネーズ … 大さじ3と1/3
油 … 大さじ1/2
パン粉 … 大さじ1と2/3
粉チーズ … 大さじ1
ドライパセリ … 少々

（ 作り方 ）

1 じゃがいもは2cm幅のいちょう切りにし、水に5分ほどさらす。水から沸騰後10分ほど、フォークがすっとささるようになるまでゆでる。水けをきってボウルに入れ、温かいうちにつぶし、カレー粉、塩を加えて和える。粗熱が取れたらマヨネーズを加えて和える。

2 カジキは2cm角に切り、塩少々（分量外）をふる。玉ねぎは横半分に切ってから縦1mm幅の薄切りにする。

3 フライパンに油を中火で熱し、玉ねぎを2分ほど炒める。弱火でさらに3分ほど炒め、カジキを加えて2分ほど炒める。耐熱容器に入れ、**1**をのせ、パン粉、粉チーズを合わせてふる。

4 天板に**3**をのせ、200℃に予熱したオーブンで15分焼く（オーブントースターで焼く場合は5分ほど焼き、アルミホイルをかぶせて10分ほど）。ドライパセリをふる。

じゃがいもはパサつくと食べにくいため、ゆでたら水分が飛ばないうちにつぶし、しっとりと仕上げて。

メカジキのピカタ

うまみを卵でコーティング。
ふんわり焼き上がり、下味をつけなくても
十分おいしく食べられます。

卵　小麦

材料 （大人2人＋子ども1人分）

カジキ … 2と1/2切れ
小麦粉 … 大さじ1
溶き卵 … 1個分
トマトケチャップ
　… 大さじ1

作り方

1　カジキは1切れを1〜2歳児は3等分、3〜5歳児は半分に切る。薄く小麦粉をまぶし、溶き卵をからめる。

2　天板にオーブンシートを敷いて油（分量外）を塗り、1を並べる。180℃に予熱したオーブンで15分ほど（オーブントースターで焼く場合も15分ほど）焼く。

3　器に盛り、ケチャップを添える。

ちくわの磯辺揚げ

ころもを混ぜすぎないことが
カラッと揚げるコツです。

卵　小麦

材料 （大人2人＋子ども1人分）

ちくわ … 5本
A　溶き卵 … 1/2個分
　小麦粉 … 大さじ2と1/2
　水 … 大さじ1と1/2
　青のり … 小さじ1
揚げ油 … 適量

作り方

1　ちくわは縦半分に切ってから、長さを3等分に切る。

2　ボウルにAを合わせ、菜箸でさっくりと混ぜる。1を加えてからめる。

3　揚げ油を中温（約170℃）に熱し、2を入れ、1分30秒ほど揚げて上下を返す。さらに1分30秒ほど、軽く色づくまで揚げる。

作り置きOK!
冷凍2週間

ラップで包み、保存袋に入れて冷凍庫へ。食べるときは電子レンジで半解凍後、オーブントースターで焼きます。

おでん　卵（うずら・ちくわ）

野菜もたっぷり加えて、ひと皿でビタミンや食物繊維もとれるおでんにしましょう。

汁けが少なくならないよう、火加減に気をつけながら煮てください

材料 （大人2人+子ども1人分）

大根 … 3.5cm（90g）
にんじん … 1/4本（50g）
じゃがいも（メークイン）
　… 小1個（100g）
さつま揚げ … 1枚（60g）
ちくわ … 1本
こんにゃく … 40g
うずらの卵（水煮）… 5個
A｜ だし汁 … 2と1/2カップ
　｜ みりん … 小さじ1
B｜ しょうゆ … 小さじ1
　｜ 塩 … 少々

子どもは汁だけを残して食べることが難しいため汁を飲みきっても塩分摂取量が多くならないように、薄味にします。

作り方

1　大根、にんじんは1cm幅の小さめの三角形に切る。じゃがいもは2cm幅のいちょう切りにし、水に5分ほどさらし、水けをきる。

2　さつま揚げは熱湯をかけて油抜きをし、2cm大の小さめの三角形に切り、ちくわは2mm幅の半月切りにする。こんにゃくは厚みを半分にし、縦4等分に切ってから横2mm幅に切り、1分ほど下ゆでして水けをきる。

3　鍋にA、1を入れて煮立て、弱火で20分ほど煮る。大根がやわらかくなったら2、うずらの卵を加え、Bで調味する。ごく弱火で15分ほど煮る。そのまま冷ます。

4　うずらの卵を4つ割りにして（誤嚥防止のため）、器に盛る。

POINT

かみ切りにくいこんにゃくは、厚みを半分にし、縦4等分に切ってから2mm幅くらいの薄切りにします。

作り置きOK!

冷蔵3日間

煮汁ごと清潔な保存容器に入れて、冷蔵庫へ。

2章

野菜
たっぷり
サブおかず

副菜は旬の野菜をたっぷり使い、

ビタミンやミネラル、食物繊維がとれるように心がけます。

食べやすくなるように切り方を工夫したり、

うまみのある食材と合わせたりすると、

苦手な野菜があっても食べられるきっかけになります。

野菜調理の7つのポイント

ビタミンやミネラル、食物繊維の供給源である野菜。
ちょっとした下ごしらえをすることで、野菜嫌いの子もパクパク食べてくれます。

土のところをよく洗う

子どもが野菜を食べない理由のひとつに、土臭さがあります。野菜はよく洗い、土が残っていないか確認を。ほうれん草はたっぷりの水につけ、根元をよく洗います。長ねぎは青い部分の筒状のところに土がついていることが多いので、中までしっかり洗います。

葉物は縦、横、斜めに切る

ほうれん草や小松菜など、葉物が苦手な子どもは「かみ切れない」「苦い」のが理由であることがよくあります。葉の流れに沿った繊維を断ち切るように、縦、横、斜めに包丁を入れ、細かく切りましょう。ほうれん草はアクが強く、苦みの原因にもなるため、ゆでてアク抜きをすることも大切です。

うまみ食材と組み合わせる

子どもの料理は薄味が基本なので、野菜そのものの味が強く残る場合があります。調理で工夫することも大切ですが、甘みやうまみのある食材と組み合わせることでも食べやすさが増します。苦手な野菜がある場合は、コーン、ツナ、削り節、ごまなどと組み合わせてみましょう。

和え物は加熱＆しっかりしぼる

ゆでることには、素材をやわらかくする、殺菌する、塩抜きをするなどの効果があります。保育園では、大人なら生で食べるきゅうりやハムも、すべてゆでて加熱します。YouTubeでは「苦手なきゅうりもゆでたら食べました！」とコメントをいただくことも多いですよ。和え物などは水けが残っていると味がぼやけるので、しっかり水分をしぼってから調味料を和えるようにしましょう。

かみ切りにくい食材に注意

こんにゃく、しらたき、練り物、きのこ類、わかめ、油揚げなど、弾力があるもの、ペラペラしたものなどは、奥歯でしっかりかまないと食べにくい食材です。また弾力のある食材は誤嚥につながりやすいので、細かく切るようにしましょう。歯が生え揃うまでは特に注意します。

ごまは「いる」

いりごま、すりごまはそのまま使用してもよいのですが、あらためていったり、すり鉢ですったりすることで風味や香りがより強く出て、薄味でもよりおいしく感じられます。余裕があるときだけでもやってみると、そのおいしさに気づくはず。

お酢はレンジ加熱する

酸味は本能的に察知する「腐敗を感じる味」でもあります。子どもは嫌がる傾向があるのはそのため。酢を使う料理はすっぱさを軽減することが大切です。サラダなどには、酢を電子レンジや小鍋でひと煮立ちさせ、酸味をやわらげてから使いましょう。

1位

ほうれん草のツナサラダ

ツナとごまの風味が加わると、苦手なほうれん草もペロリ。先生たちにも人気のひと品です。

（ 材料 ）(大人2人＋子ども1人分)

ほうれん草 … 4/5束(170g)
にんじん … 1/3本(60g)
ツナ(油漬け缶詰) … 30g
白いりごま … 小さじ2

A｜酢 … 小さじ2/3
　｜しょうゆ … 大さじ1/2
　｜砂糖 … 小さじ1強

（ 作り方 ）

1 にんじんは4cm長さの細切りにする。ほうれん草の茎は2cm幅に切り、葉は縦横斜めに包丁を入れて細かく切る。

2 にんじんは水から沸騰後、3分ほどゆでる。ほうれん草は熱湯で2分ほどゆで、にんじんと合わせて水にとって冷ます。

3 ツナは油をきる。耐熱ボウルに**A**を合わせ、電子レンジで20秒ほど加熱する。

4 小鍋に白ごまを入れて中火にかけ、鍋をゆすりながら（または木べらなどでよく混ぜながら）3分ほどからいりする。

5 ボウルに水けをしぼった**2**、ツナ、**4**を入れ、**A**を加えて和える。冷蔵庫で冷やす。

> アルミホイルに白ごまを広げて乗せ、アルミホイルをかぶせてオーブントースターで2〜3分ほど加熱してもOK。

POINT

ほうれん草のようにペラリとしているものは、食べたときにのどに貼りついて危険なことがあります。繊維を断つように包丁の向きを変えながら、細かく刻んで調理しましょう。

作り置きOK!

冷蔵3日間

清潔な保存容器に入れて、冷蔵庫へ。

👑 2位 ひじきのマヨネーズサラダ 卵

意外な組み合わせですが、相性抜群。ひじきが苦手な子どもたちにもおすすめです。

(材料) (大人2人+子ども1人分)

芽ひじき (乾燥) … 6g
にんじん … 1/5本 (40g)
きゅうり … 1/2本 (60g)
ホールコーン (缶詰) … 50g
しょうゆ … 小さじ1/2
A | マヨネーズ
　 | 　 … 大さじ1と2/3
　 | 塩、こしょう … 各少々

(作り方)

1 ひじきは水に10分ほどつけてもどし、熱湯で5分ほどゆでる。水けをきって鍋に入れ、しょうゆを加えて混ぜ、汁けを飛ばしながら中火で2分ほどいって、粗熱を取る。コーンは水けをきる。

2 にんじん、きゅうりは4cm長さの細切りにする。にんじんは水から沸騰後、3分ほどゆでる。きゅうりは熱湯で1分ほどゆで、にんじんと合わせて水にとって冷ます。

3 ボウルに水けをしぼった**2**、**1**を入れ、**A**を加えて和える。冷蔵庫で冷やす。

> ひじきに下味をつけておくと、マヨネーズとなじみ、よりおいしくなります。

👑 ③位 トマトとしめじのマリネ

ツナのうまみがポイント。「トマト嫌いの子どもも食べた!」との報告も多いレシピです。

材料 （大人2人＋子ども1人分）

トマト … 1個(180g)
しめじ … 1/2パック(50g)
ツナ(油漬け缶詰) … 50g
A | 油 … 大さじ1
　 | 砂糖 … 大さじ1/2
　 | 酢 … 小さじ1強
　 | 塩 … 少々
ドライパセリ … 少々

作り置き〇K!

冷蔵3日間

清潔な保存容器に入れて、
冷蔵庫へ。

作り方

1 しめじは1cm長さに切ってほぐし、かさの部分は粗みじん切りにする。熱湯で3分ほどゆでて、水にとって冷ます。

2 トマトは湯むきして、1cm角に切り、ざるに入れる。ツナは油をきる。耐熱ボウルにAを合わせ、電子レンジで30秒ほど加熱する。

3 ボウルに水けをしぼったしめじ、トマト、ツナを入れ、ドライパセリをふり、Aを加えて和える。冷蔵庫で冷やす。

ほうれん草のおひたし

にんじんを入れることで甘みもプラスされ、味わいも彩りもよくなります。

材料（大人2人＋子ども1人分）

ほうれん草 …3/4束(150g)
にんじん …1/5本(40g)
A｜削り節 …1袋(2.5g)
　｜だし汁 …小さじ2
　｜しょうゆ …小さじ1

ほうれん草は他の野菜と合わせることで、グッと食べやすくなります。

作り方

1 にんじんは4cm長さの細切りにする。ほうれん草の茎は2cm幅に切り、葉は縦横斜めに包丁を入れて細かく切る。

2 にんじんは水から沸騰後、3分ほどゆでる。ほうれん草は熱湯で2分ほどゆで、にんじんと合わせて水にとって冷ます。

3 ボウルに水けをしぼった**2**を入れ、**A**を加えて和える。

作り置きOK!

冷蔵3日間
清潔な保存容器に入れて、冷蔵庫へ。

ほうれん草の白和え 卵（ちくわ）

たんぱく質とビタミンが同時にとれる副菜です。
ほんのり甘さもあってほっとする味わい。

材料 （大人2人+子ども1分分）

木綿豆腐 … 1/2丁（150g）
ほうれん草 … 1/3束（60g）
にんじん … 1/4本（50g）
ちくわ … 1と1/2本
だし汁 … 160㎖
A | 砂糖 … 小さじ1/2
　| しょうゆ … 小さじ1/3
白いりごま … 大さじ1
B | 砂糖 … 大さじ1
　| 味噌 … 小さじ1強

作り置きOK！
冷蔵3日間
清潔な保存容器に入れて、
冷蔵庫へ。

作り方

1　鍋に湯を沸かし、豆腐を入れ、1分30秒ほどゆでてざるに上げる。粗熱が取れたら、目の細かいざるの中で手で細かくつぶし、5分ほどおいて水けをきる。これを繰り返し、しっかりと水けをきる。

2　ほうれん草の茎は2㎝幅に切り、葉は縦横斜めに包丁を入れて細かく切る。熱湯で2分ほどゆで、水にとって冷ます。にんじんは4㎝長さの細切りにし、ちくわは2㎜幅の半月切りにする。

3　鍋にだし汁、にんじんを入れて煮立て、弱火で7分ほど煮る。A、ちくわを加え、汁けがなくなるまで3分ほど煮る。そのまま粗熱を取る。

4　小鍋に白ごまを入れて中火にかけ、鍋をゆすりながら（または木べらなどでよく混ぜながら）3分ほどからいりする。すり鉢でする。

5　ボウルに1、水けをしぼったほうれん草、3、4を入れ、Bを加えて和える。冷蔵庫で冷やす。

豆腐はしっかりと水きりをすることで、味がぼやけずにおいしく仕上がります（P.31 POINT参照）。

アルミホイルに白ごまを広げて乗せ、アルミホイルをかぶせてオーブントースターで2〜3分ほど加熱してもOK。

にんじんしりしりー

にんじんは細いとこげやすいので
少し太めの細切りにしましょう。

卵

（ 材料 ）（大人2人＋子ども1人分）

にんじん … 3/4本（150g）	A｜塩、しょうゆ、
ツナ（油漬け缶詰）… 30g	こしょう
油 … 大さじ1	… 各少々
溶き卵 … 1/2個分	

（ 作り方 ）

1 にんじんは4cm長さの細切りにする。ツナは油をきる。

2 フライパンに油を中火で熱し、にんじんを5分ほど炒める。弱火にして、しんなりするまでさらに5分ほど炒める。溶き卵を加え、にんじんにからめるように40秒ほど炒める。

3 ツナを加え、**A**で調味し、ツナをほぐしながら1分ほど炒める。

作り置きOK！

冷蔵3日間

清潔な保存容器に入れて、
冷蔵庫へ。

ブロッコリーのサラダ

ドレッシングは加熱して酸味をおだやかに。
香ばしいごまの香りがアクセント。

（ 材料 ）（大人2人＋子ども1人分）

ブロッコリー…1/2個（150g）	白いりごま
A｜油 … 大さじ1	… 小さじ2/3
酢 … 大さじ1/2	
塩、こしょう … 各少々	

（ 作り方 ）

1 ブロッコリーは3cm大の小房に分ける。熱湯で3分ほどゆでてざるに上げ、キッチンペーパーを敷いたバットに並べて粗熱を取る。

2 耐熱ボウルに**A**を合わせ、電子レンジで30秒ほど加熱する。小鍋に白ごまを入れて中火にかけ、鍋をゆすりながら（または木べらなどでよく混ぜながら）3分ほどからいりする。

3 ボウルに**1**、白ごまを入れ、**A**を加えて和える。冷蔵庫で冷やす。

なすの煮びたし

実は昆布だしは子どもが好きな味。
なすの皮はかみ切りにくいのでしま目にむいて。

(材料) (大人2人＋子ども1人分)

なす … 3本(230g)
油 … 大さじ2
A｜だし汁 … 130㎖
　｜砂糖 … 大さじ1/2
　｜しょうゆ … 小さじ1
削り節 … 3.5g

(作り方)

1 なすはしま目に皮をむき、1cm幅のいちょう切りにする。水に10分ほどさらし、水けを拭く。

2 フライパンに油を中火で熱し、1を5分ほど炒める。Aを加え、煮汁がなくなるまで5分ほど煮る。削り節を加えて混ぜる。

作り置きOK!
冷凍2週間
ラップで包み、保存袋に入れて冷凍庫へ。食べるときは電子レンジで温めます。

作り置きOK!
冷凍2週間
ラップで包み、保存袋に入れて冷凍庫へ。食べるときは電子レンジで温めます。

もやしのカレー炒め

しっかり炒めることで、
ピーマンの苦みもやわらぎます。

(材料) (大人2人＋子ども1人分)

もやし … 2/3袋(170g)
にんじん … 1/4本(50g)
ピーマン … 1個(30g)
ベーコン … 2枚
油 … 大さじ1/2

A｜しょうゆ
　｜… 小さじ2/3
　｜カレー粉、砂糖
　｜… 各少々

(作り方)

1 にんじん、ピーマンは4cm長さの細切りにする。もやしは2cm長さに切る。ベーコンは5mm幅の細切りにする。

2 フライパンに油をごく弱火で熱し、にんじん、ピーマンを7分ほど炒める。もやし、ベーコンを加え、弱火で10分ほど炒める。

3 Aを加え、さらに1分ほど炒める。

ポテトサラダ

じゃがいもを酢と合わせておくと、マヨネーズが少なめでも、おいしいサラダに仕上がります。

(材料)（大人2人＋子ども1人分）

じゃがいも（メークイン）
　…小2個（200g）
にんじん … 1/4本（50g）
きゅうり … 1/2本（60g）
ハム … 3枚
A｜酢 … 小さじ1強
　｜塩 … 少々
B｜マヨネーズ
　｜　…大さじ2と1/2
　｜塩、こしょう … 各少々

(作り方)

1 じゃがいもは1cm幅のいちょう切りにして、水に5分ほどさらす。水から沸騰後10分ほど、フォークがすっとささるようになるまでゆでる。水けをきって鍋に入れ、中火にかけ、水けを 飛ばすようにからいりする。大きめのボウルに移して粗くつぶし、熱いうちにAを加えて混ぜ、粗熱を取る。

2 にんじんは2mm幅の小さめの三角形に切り、きゅうりは2mm幅の半月切りにする。ハムは半分に切ってから5mm幅の細切りにする。にんじんは水から沸騰後、3分ほどゆでる。きゅうりとハムは熱湯で1分ゆで、にんじんと合わせて水にとって冷ます。

3 2の水けをしぼって1のボウルに加え、Bを加えて和える。冷蔵庫で冷やす。

> じゃがいもはゆでてから水けを飛ばすことでホクホクした食感に。

ジャーマンポテト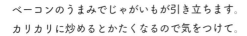

ベーコンのうまみでじゃがいもが引き立ちます。
カリカリに炒めるとかたくなるので気をつけて。

(材料)（大人2人＋子ども1人分）

じゃがいも（メークイン）
　…2個(250g)
玉ねぎ…1/3個(70g)
ベーコン…1枚

バター（食塩不使用）…15g
A｜顆粒コンソメ
　　…小さじ1/3
　｜塩、こしょう
　　…各少々
ドライパセリ…少々

(作り方)

1 じゃがいもは1cm幅のいちょう切りにし、水に5分ほどさらす。水から沸騰後10分ほど、フォークがすっとささるようになるまでゆで、水気をきる。

2 玉ねぎは横半分に切ってから、縦2mm幅の薄切りにする。ベーコンは5mm幅に切る。

3 フライパンにバターをごく弱火で熱し、玉ねぎをしんなりするまで8分ほど炒める。ベーコン、1、Aを加えて、こげないように弱火で5分ほど炒める。ドライパセリを加えて混ぜる。

作り置きOK!

冷蔵3日間

清潔な保存容器に入れて、冷蔵庫へ。

作り置きOK!

冷凍2週間

ラップで包み、保存袋に入れて冷凍庫へ。食べるときは電子レンジで温めます。

さつまいもの黄金煮

さつまいもの皮はかみ切りにくいので、
子どもの分はすべてむいてあげましょう。

(材料)（大人2人＋子ども1人分）

さつまいも…1本(230g)
A｜水…1/2カップ
　｜砂糖…大さじ1
　｜バター（食塩不使用）…5g
　｜塩…少々

(作り方)

1 さつまいもは皮をむき、1cm幅の半月切りかいちょう切りにする。水に5分ほどさらす。

2 鍋にAを煮立て、水けをきった1を入れ、落としぶたをして、ごく弱火で5分ほど煮る。上下を返し、再び落としぶたをして弱火で5分ほど煮る。そのまま冷ます。

かぼちゃのサラダ 卵

かぼちゃは水っぽくならないよう、水けを飛ばしてから混ぜます。酢で下味をつけるのがポイント。

(材料) (大人2人+子ども1人分)

かぼちゃ…1/8個(180g)
玉ねぎ…1/6個(30g)
きゅうり…1/4本(25g)
酢…小さじ1/2
A│ マヨネーズ
 │ …大さじ1と2/3
 │ 塩、こしょう…各少々

(作り方)

1 かぼちゃは傷がついている皮の部分だけそぎ落とし、1.5cm角に切る。玉ねぎは横半分に切ってから、縦1mm幅の薄切りにする。きゅうりは1mm幅の半月切りにする。

2 かぼちゃは水から沸騰後15分ほど、皮がやわらかくなるまでゆでる。水けをきって鍋に入れ、中火にかけ、1分30秒ほど水けを飛ばすようにからいりする。大きめのボウルに移し、熱いうちに酢を加えて混ぜ、粗熱を取る。

3 玉ねぎは水から沸騰後、7分ほどゆでる。きゅうりは熱湯で2分ゆで、玉ねぎと合わせて水にとって冷ます。

> 玉ねぎは辛みが残らないように、長めにゆでます。

4 2のボウルに水けをしぼった3、Aを加えて和える。冷蔵庫で冷やす。

ごまドレッシングサラダ

ゆでたキャベツは甘みが出て食べやすくなります。香ばしいごまをアクセントに。

(材料) (大人2人+子ども1人分)

キャベツ … 2枚 (100g)
きゅうり … 2/3本 (80g)
トマト … 1/2個 (80g)
ハム … 3枚
A | 油 … 大さじ1
　| 酢 … 小さじ2
　| 塩 … ひとつまみ
　| こしょう … 少々
白いりごま … 小さじ1と2/3

(作り方)

1 キャベツ、きゅうりは4cm長さの細切りにする。ハムは半分に切ってから5mm幅の細切りにする。キャベツは熱湯で4分ほど、きゅうりとハムは1分ほどゆでて、すべて合わせて水にとって冷ます。

2 トマトは湯むきし、1cm角に切り、ざるに入れる。耐熱ボウルにAを合わせ、電子レンジで40秒ほど加熱する。小鍋に白ごまを入れて中火にかけ、鍋をゆすりながら（または木べらなどでよく混ぜながら）3分ほどからいりする。

3 ボウルに水けをしぼった**1**、トマト、白ごまを入れ、**A**を加えて和える。冷蔵庫で冷やす。

> アルミホイルに白ごまを広げて乗せ、アルミホイルをかぶせてオーブントースターで2〜3分ほど加熱してもOK。

スパゲティサラダ

スパゲティより野菜が多めのビタミンサラダ。スパゲティの水けをしっかり取るのがコツ。

材料 (大人2人+子ども1人分)

スパゲティ (乾) … 40g
キャベツ … 小2枚 (80g)
にんじん … 1/6本 (30g)
きゅうり … 1/2本 (50g)
ハム … 2枚
A マヨネーズ … 大さじ2
　　 塩、こしょう … 各少々

作り方

1 鍋に湯を沸かし、スパゲティを手で3等分に折って入れ、袋の表示時間より5分長めにゆでる。ゆで上がったら水にとって冷まし、ざるに上げて水けをきる。

2 にんじん、きゅうり、キャベツは4cm長さのせん切り、ハムは半分に切ってからせん切りにする。にんじんは水から沸騰後、3分ほどゆでる。キャベツは熱湯で4分、きゅうりとハムは1分ゆで、すべて合わせて水にとって冷ます。

3 ボウルに水けをしぼった**2**を入れ、**1**、Aを加えて和える。冷蔵庫で冷やす。

まだスパゲティに水けがある場合はキッチンペーパーで押さえて取ります。

キャベツの大豆サラダ

コロコロ野菜と大豆の食感が楽しい！　よくかみながら食べてくれます。

材料 (大人2人+子ども1人分)

キャベツ … 3枚 (150g)
にんじん … 1/5本 (40g)
きゅうり … 1/2本 (40g)
大豆 (水煮) … 80g
ハム … 2枚
しょうゆ … 小さじ2/3
A｜マヨネーズ
　　… 大さじ1と2/3
　｜塩、こしょう … 各少々

作り方

1 キャベツ、ハムは1cm四方に、にんじん、きゅうりは1cm角に切る。にんじんは水から沸騰後、5分ほどゆでる。キャベツは熱湯で4分ほど、きゅうり、ハムは1分ほどゆで、すべて合わせて水にとって冷ます。

2 鍋に水けをきった大豆を入れてしょうゆを加えて混ぜ、弱火にかけ、鍋をゆすりながら2分ほどいる。そのまま粗熱を取る。

3 ボウルに水けをしぼった**1**、**2**を入れ、**A**を加えて和える。冷蔵庫で冷やす。

大豆に下味をつけておくと、マヨネーズとよくなじんでおいしく仕上がります。

バンサンスー

バンサンスーは中国風の春雨サラダ。つるつるっと食べやすく人気です。錦糸卵を加えても。

(材 料)(大人2人+子ども1人分)

にんじん … 1/6本 (30g)
きゅうり … 1/2本 (50g)
ハム … 2枚
春雨 (乾) … 20g
A 酢、砂糖 … 各小さじ2
　ごま油 … 大さじ1/2
　しょうゆ … 小さじ1
　塩 … 少々

> 春雨はコシがある緑豆春雨、やわらかくて味がしみ込みやすい国産春雨、それぞれのおいしさがあるのでどちらでも大丈夫です。

(作り方)

1 にんじん、きゅうりは4cm長さのせん切りにする。ハムは半分に切ってから、せん切りにする。にんじんは水から沸騰後、3分ほどゆでる。きゅうりとハムは熱湯で1分ゆで、すべて合わせて水にとって冷ます。

2 春雨は熱湯で15分ほどゆでる。水にとって冷まし、水けをしぼって3cm長さに切る。

3 耐熱ボウルにAを合わせ、電子レンジで40秒ほど加熱する。

4 ボウルに水けをしぼった**1**、**2**を入れ、**A**を加えて和える。冷蔵庫で冷やす。

春雨サラダ

バンサンスーと同じ材料ですが、こちらはマヨ味。給食室では「シルバーサラダ」と呼んでいました。

材料 (大人2人+子ども1人分)

にんじん … 1/6本 (30g)
きゅうり … 1/2本 (60g)
ハム … 3枚
春雨 (乾) … 20g
A マヨネーズ … 大さじ2
　 塩、こしょう … 各少々

作り方

1 にんじん、きゅうりは4cm長さのせん切りにする。ハムは半分に切ってから、せん切りにする。にんじんは水から沸騰後、3分ほどゆでる。きゅうりとハムは熱湯で1分ゆで、すべて合わせて水にとって冷ます。

2 春雨は熱湯で15分ほどゆでる。水にとって冷まし、水けをしぼって3cm長さに切る。

3 ボウルに水けをしぼった**1**、**2**を入れ、**A**を加えて和える。冷蔵庫で冷やす。

筑前煮 卵(ちくわ)

分量を調節すれば、主菜としても、かみごたえのある副菜としても使えるひと品です。

〔材料〕(大人2人+子ども1人分)

鶏もも肉(皮なし)…70g
にんじん…1/3本(60g)
ごぼう…1/4本(40g)
れんこん…1/4節(50g)
ちくわ…1本
こんにゃく…40g
油…小さじ2
A｜だし汁…1と1/4カップ
　｜砂糖…小さじ1強
　｜みりん…小さじ1/2
しょうゆ…小さじ2/3
塩…少々

〔作り方〕

1 にんじんは4つ割りにしてから小さめの乱切りにする。ごぼうは縦半分に切ってから、3cm長さ、2mm幅の斜め薄切りに、れんこんは8つ割りにし、2mm幅の小さいいちょう切りにする。ごぼう、れんこんは水に5分ほどさらす。

2 鶏肉は1cm角に、ちくわは2mm幅の半月切りにする。こんにゃくは厚みを半分にし、縦4等分に切ってから2mm幅に切り、1分ほど下ゆでして水けをきる。

3 鍋に油を中火で熱し、にんじん、水けをきったごぼう、れんこんを2分ほど炒める。弱火にして3分ほど炒め、**2**を加えてさらに3分ほど炒める。

4 **A**を加え、落としぶたをして弱火で20分ほど煮る。れんこん、ごぼうがやわらかくなったらしょうゆ、塩を加え、落としぶたをしてさらに10分煮る。そのまま冷ます。

POINT

れんこんのいちょう切りは、食べやすいように8つ割りくらいの小さめに切りましょう。

作り置き○K!

冷蔵3日間

清潔な保存容器に入れて、冷蔵庫へ。

五目きんぴら

しっかりだしをきかせてゆっくり煮ることで、薄味でもおいしく、根菜類も食べやすくなります。

(材料)（大人2人+子ども1人分）

にんじん … 1/3本（60g）
ごぼう … 1/3本（60g）
れんこん … 1/5節（30g）
ピーマン … 1/2個（20g）
しらたき … 30g
油 … 小さじ2
A｜だし汁 … 1と1/4カップ
　｜みりん、酒 … 各小さじ1
しょうゆ … 小さじ1
白いりごま … 小さじ1

(作り方)

1 にんじん、ごぼう、ピーマンは4cm長さのせん切りにする。れんこんは8つ割りにし、2mm幅の小さいいちょう切りにする。ごぼう、れんこんは水に5分ほどさらす。しらたきは2cm長さに切り、1分ほど下ゆでして水けをきる。

2 フライパンに油を中火で熱し、にんじん、水けをきったごぼう、れんこんを3分ほど炒める。ピーマンを加え、2分ほど炒める。

3 しらたき、Aを加えて煮立て、ごく弱火にし、落としぶたをしてごぼう、れんこんがやわらかくなるまで20分ほど煮る。しょうゆ、白ごまを加えて中火にし、2分ほど汁けを飛ばしながら煮る。

作り置きOK!
冷凍2週間

ラップで包み、保存袋に入れて冷凍庫へ。食べるときは電子レンジで温めます。

スペイン風オムレツ

チーズやハムの塩けで、そのままでもおいしく食べられます。お好みでケチャップを添えて。

（ 材 料 ）(大人2人＋子ども1人分)

じゃがいも（メークイン）… 1/3個（60g）
玉ねぎ … 1/4個（50g）
ほうれん草 … 1/4束（50g）
ハム … 2枚
油 … 小さじ2
溶き卵 … 3個分
A｜ピザ用チーズ、牛乳 … 各大さじ2
　｜塩、こしょう … 各少々

（ 作り方 ）

1 じゃがいもは5mm幅のいちょう切りにして、水に5分ほどさらす。水から沸騰後5分ほどかためにゆでて、水けをきる。ほうれん草の茎は2cm幅に切り、葉は縦横斜めに包丁を入れて細かく切る。熱湯で2分ほどゆで、水にとって冷ます。玉ねぎは横半分に切ってから、縦5mm幅の薄切りにする。ハムは半分に切ってから、5mm幅に切る。

2 フライパンに油を中火で熱し、玉ねぎを2分ほど炒める。弱火にしてさらに3分ほど炒め、ハムを加えて1分ほど炒める。

> ハムやほうれん草は重なっているとかみ切りにくいため、しっかりほぐして加えます。

3 火を止め、溶き卵、じゃがいも、水けをしぼったほうれん草、Aを加えて混ぜる。オーブンシートを敷いた耐熱容器（直径約15cm）に流し入れ、180℃に予熱したオーブンで20分ほど（オーブントースターで焼く場合は10分ほど焼き、アルミホイルをかぶせて20分ほど）焼く。

作り置きOK!

冷蔵3日間

清潔な保存容器に入れて、冷蔵庫へ。

野菜たっぷり卵焼き

たっぷりの野菜を卵と合わせて。野菜の苦みも気にならず、パクパク食べてくれます。

(材料) (大人2人+子ども1人分)

溶き卵 … 3個分
豚ひき肉 … 50g
玉ねぎ … 1/3個 (60g)
にんじん … 1/6本 (30g)
ピーマン … 1/2個 (25g)
油 … 小さじ1と1/3
A | だし汁 … 大さじ2
　 | 砂糖 … 小さじ1強
　 | 塩 … 少々

(作り方)

1 玉ねぎは横半分に切ってから、縦2mm幅の薄切りにする。にんじん、ピーマンは4cm長さの細切りにする。

2 フライパンに油を中火で熱し、**1**を3分ほど炒める。弱火にし、さらに4分ほど炒める。ひき肉を加え、ほぐしながら色が変わるまで炒める。

3 火を止め、溶き卵、**A**を加えて混ぜる。オーブンシートを敷いた耐熱容器 (約20cm×16cm) に流し入れ、180℃に予熱したオーブンで20分ほど (オーブントースターで焼く場合は10分ほど焼き、アルミホイルをかぶせて20分ほど) 焼く。

> オーブンで焼く前に炒めておくことで、野菜がやわらかくなり、苦みや辛みもなくなります。

作り置きOK!
冷凍2週間
ラップで包み、保存袋に入れて冷凍庫へ。食べるときは電子レンジで温めます。

ほうれん草とひじきの胡麻和え

いろいろ野菜でカラフルなひと皿。ごまの香りが広がり、薄味でもおいしく食べられます。

材料 (大人2人＋子ども1人分)

ほうれん草 … 1/3束(60g)
芽ひじき (乾) … 6g
もやし … 1/3袋(90g)
にんじん … 1/5本(40g)
白いりごま … 大さじ1
しょうゆ … 小さじ1/2
A｜砂糖 … 大さじ1/2
　｜しょうゆ … 小さじ1

作り方

1 ひじきは水に10分ほどつけてもどし、熱湯で5分ほどゆでる。水けをきって鍋に入れ、しょうゆを加えて混ぜ、汁けを飛ばしながら中火で2分ほどいって、粗熱を取る。

2 にんじんは4cm長さの細切りにする。もやしは2cm長さに切る。ほうれん草の茎は2cm幅に切り、葉は縦横斜めに包丁を入れて細かく切る。

3 にんじんは水から沸騰後、3分ほどゆでる。もやしは熱湯で3分ほどゆでる。ほうれん草は熱湯で2分ほどゆで、すべて合わせて水にとって冷ます。

4 小鍋に白ごまを入れて中火にかけ、鍋をゆすりながら (または木べらなどでよく混ぜながら) 3分ほどからいりする。すり鉢でする。

5 ボウルに**1**、水けをしぼった**3**、**4**を入れ、**A**を加えて和える。冷蔵庫で冷やす。

作り置きOK!

冷蔵3日間

清潔な保存容器に入れて、冷蔵庫へ。

からいりする代わりに、アルミホイルに白ごまを広げて乗せ、アルミホイルをかぶせてオーブントースターで2～3分ほど加熱してもOK。いりごまはもう一度いってすりつぶすことで、より香りが出ます。

ひじきの煮物

ごま油で炒めてから煮ることで、コクが加わり、食べやすさがアップします。

(材料)（大人2人+子ども1人分）

芽ひじき (乾) … 13g
にんじん … 1/4本 (50g)
油揚げ … 1/2枚
さやえんどう … 7〜8枚
ごま油 … 小さじ1
A だし汁 … 180ml
　砂糖 … 小さじ2
しょうゆ … 大さじ1/2

(作り方)

1 ひじきは水に10分ほどつけてもどす。にんじんは4cm長さの細切りにする。油揚げは油抜きをし、縦4等分に切ってから細切りにする。さやえんどうは筋を取り、3cm長さの細切りにして熱湯で3分ほどゆで、水にとって冷ます。

2 鍋にごま油を弱火で熱し、にんじんを2分ほど炒める。水けをきったひじきを加えて1分ほど炒め、油揚げ、Aを加えて煮立て、弱火で15分ほど煮る。

3 しょうゆを加えてさらに3分ほど煮る。火を止め、水けをきったさやえんどうを加えて混ぜる。

さやえんどうは火を止めてから加え、鮮やかな緑を残します。

作り置きOK!

冷凍2週間

ラップで包み、保存袋に入れて冷凍庫へ。食べるときは電子レンジで温めます。

切干大根の煮物

あるとうれしい定番おかず。冷凍できるので、多めに作って常備菜としても。

（ 材 料 ）（大人2人＋子ども1人分）

切干大根（乾）…30g
油揚げ…1/2枚
にんじん…1/6本（30g）
油…小さじ2
A｜だし汁…1と3/4カップ
　｜砂糖…小さじ2/3
　｜みりん…小さじ1/2
しょうゆ…大さじ1/2

（ 作り方 ）

1 切干大根は水に10分ほどつけてもどし、3cm
　長さに切る。にんじんは4cm長さの細切りにす
　る。油揚げは油抜きをし、縦4等分に切ってか
　ら細切りにする。

2 鍋に油を中火で熱し、水けをしぼった切干大根、
　にんじん、油揚げを2分ほど炒める。

3 Aを加え、落としぶたをして弱火で20分ほど
　煮る。切干大根がやわらかくなったらしょう
　ゆを加え、再び落としぶたをしてさらに10分
　ほど煮る。そのまま冷ます。

作り置きOK!
冷凍2週間
ラップで包み、保存袋に入れて冷凍庫へ。食べるときは電子レンジで温めます。

切干大根のマヨサラダ 卵 乳

煮物のイメージが強い切干大根ですが、マヨネーズでサラダにするのもおすすめです。

（ 材料 ）(大人2人+子ども1人分)

切干大根 (乾) …25g
にんじん …1/6本(30g)
きゅうり …1/2本(50g)
ハム … 3枚
A｜マヨネーズ
　　…大さじ1と1/2
　｜味噌 …小さじ1
　｜しょうゆ …少々
白いりごま … 大さじ1/2

（ 作り方 ）

1 切干大根は水に10分ほどつけてもどし、3cm長さに切る。きゅうり、にんじんは4cm長さの細切りにする。ハムは半分に切ってから、5mm幅に切る。

2 切干大根は水から沸騰後、10分ほどゆでる。にんじんは水から沸騰後、3分ほどゆでる。きゅうり、ハムは熱湯で1分ほどゆで、すべて合わせて水にとって冷ます。

3 小鍋に白ごまを入れて中火にかけ、鍋をゆすりながら（または木べらなどでよく混ぜながら）3分ほどからいりする。すり鉢でする。

4 ボウルに水けをしぼった**2**、**3**を入れ、合わせた**A**を加えて和える。冷蔵庫で冷やす。

アルミホイルに白ごまを広げて乗せ、アルミホイルをかぶせてオーブントースターで2〜3分ほど加熱してもOK。

少量のしょうゆ、白ごまを加えることで、切干大根とマヨネーズがよくなじみます。

切干大根のごまドレサラダ

かみごたえのある、さっぱりとしたサラダです。カレーライスの副菜にもぴったり。

(材料)（大人2人＋子ども1人分）

切干大根（乾）…25g
にんじん…1/6本（30g）
きゅうり…1/2本（50g）
A｜油…小さじ2
　｜酢…大さじ1/2
　｜しょうゆ…大さじ1/2
　｜砂糖…小さじ1強
白いりごま…大さじ1/2

(作り方)

1 切干大根は水に10分ほどつけてもどし、3cm長さに切る。きゅうり、にんじんは4cm長さの細切りにする。

2 切干大根は水から沸騰後、10分ほどゆでる。にんじんは水から沸騰後、3分ほどゆでる。きゅうりは熱湯で1分ゆで、すべて合わせて水にとって冷ます。

3 小鍋に白ごまを入れて中火にかけ、鍋をゆすりながら（または木べらなどでよく混ぜながら）3分ほどからいりする。耐熱ボウルに**A**を合わせ、電子レンジで40秒ほど加熱する。

> アルミホイルに白ごまを広げて乗せ、アルミホイルをかぶせてオーブントースターで2〜3分ほど加熱してもOK。

4 ボウルに水けをしぼった**2**、白ごまを入れ、**A**を加えて和える。冷蔵庫で冷やす。

あったかスープ & 汁物

野菜をやわらかく煮込んだスープや味噌汁はおいしくて栄養もたっぷり!
毎日の献立にプラスしてみてください。

クリームシチュー　乳　小麦

寒い日のシチューは、栄養補給はもちろん、体も温まるひと品に。
パンを添えてどうぞ。

（材料） (大人2人+子ども1人分)

にんじん … 1/5本(40g)	顆粒コンソメ … 小さじ2/3
玉ねぎ … 1/3個(60g)	バター(食塩不使用) … 30g
じゃがいも(メークイン)	小麦粉 … 大さじ3と1/3
… 2/3個(100g)	A｜ぬるま湯 … 80㎖
ホールコーン(缶詰) … 40g	｜スキムミルク … 大さじ3
鶏もも肉 … 70g	塩 … ひとつまみ
油 … 大さじ1/2	ドライパセリ … 少々
水 … 2カップ	

（作り方）

1 にんじんは1cm幅の小さめの三角形に切る。玉ねぎは横半分に
切ってから縦5mm幅の薄切りにする。じゃがいもは2cm幅のい
ちょう切りにして、水に5分ほどさらす。コーンは水けをきる。
鶏肉は1.5cm角に切る。

2 鍋に油を弱火で熱し、にんじん、玉ねぎを8分ほど炒める。鶏
肉を加えて炒め、色が変わったら、水けをきったじゃがいも
を加え、2分ほど炒める。水を加えて強火で煮立て、アクを取
り、コーン、コンソメを加えて弱火で15分ほど煮る。

3 ルウを作る。フライパンにバターを弱火で熱し、溶けたら火
を止める。小麦粉をふり入れて再び弱火にかけ、3分ほど炒め、
泡が小さくなったら火を止める。

4 2の火を止め、合わせたA、塩、3を加え、じゃがいもをくず
さないように鍋底から混ぜながら、ごく弱火で3分ほど煮る。
器に盛り、ドライパセリをふる。

とろみが強い場合は、水
分を足して調整してくだ
さい。

作り置きOK!

冷凍2週間
(ルウのみ)

作り方**3**の通りに
作ったルウに、合わ
せた**A**、塩を加え、弱火でかたまるま
で混ぜながら煮る。粗熱を取り、ラップ
で包み、保存袋に入れて冷凍庫へ。食べ
るときは作り方**2**まで同様に作り、適
量のルウを凍ったまま加え、とろみがつ
くまで混ぜながら弱火で煮る。

豚汁

具だくさんで主菜風の汁物。
炒めてから煮るので、コクがあります。

材料 （大人2人+子ども1人分）

にんじん … 1/5本（40g）
大根 … 2.5cm（60g）
ごぼう … 1/6本（20g）
豚もも薄切り肉 … 40g
長ねぎ … 1/4本（30g）
里いも … 小2個（80g）
こんにゃく … 30g
木綿豆腐 … 60g
油 … 大さじ1/2
だし汁 … 3カップ
味噌 … 大さじ1と1/3

作り置きOK!

冷蔵3日間

清潔な保存容器に入れて、
冷蔵庫へ。

作り方

1 にんじん、大根は5mm幅の小さめの三角形に切る。ごぼうは縦半分に切ってから3cm長さ、2mm幅の斜め薄切りにし、水に5分ほどさらす。長ねぎは小口切りにする。里いもは1.5cm幅の大きめのいちょう切りにして水に5分さらし、水から沸騰後2分ほど下ゆでし、水にとって冷ます。

2 こんにゃくは厚みを半分にし、縦4等分に切ってから2mm幅に切り、1分ほど下ゆでして水けをきる。豆腐は1.5cm角に切る。豚肉は1〜2cm幅に切る。

3 鍋に油を中火で熱し、にんじん、大根、水けをきったごぼうを2分ほど炒める。豚肉を加えて炒め、色が変わったら、だし汁を加えて煮立て、アクを取り、弱火で15分ほど煮る。

4 長ねぎ、水けをきった里いも、こんにゃくを加え、味噌を溶き入れ、弱火で10分ほど煮る。豆腐を加えてさらに5分ほど煮る。

味噌の風味を野菜にしみ込ませるため、味噌を早めに溶き入れてから煮込みます。

キャベツと
コーンの味噌汁

味噌とコーンが好相性。
野菜の甘みが人気の味噌汁です。

（材料）（大人2人+子ども1人分）

キャベツ…2枚(90g)
ホールコーン(缶詰)…50g
だし汁…3カップ
味噌…大さじ1

（作り方）

1 キャベツは1cm四方に切る。コーンは
水けをきる。

2 鍋にだし汁を煮立て、**1**を入れて弱火
で20分ほど煮る。味噌を溶き入れる。

かきたま汁 卵

長ねぎもしっかり煮て甘みを引き出して。
卵は煮立ったところに入れるのがポイントです。

（材料）（大人2人+子ども1人分）

にんじん…	だし汁…3カップ
1/4本(50g)	A｜しょうゆ…小さじ1/2
長ねぎ…	｜塩…小さじ1/3
1/6本(20g)	B｜水…小さじ2
溶き卵…1個分	｜片栗粉…大さじ1/2

（作り方）

1 にんじんは4cm長さの細切りに、長ねぎは
小口切りにする。

2 鍋にだし汁とにんじんを入れて煮立て、長
ねぎを加え、弱火で20分ほど煮る。**A**を
加えて火を止め、合わせた**B**を加えてとろ
みをつける。

3 強火で煮立て、混ぜながら溶き卵を少し
ずつまわし入れる。卵がしっかりかたま
るまで、弱火で30秒ほど煮る。

コーンスープ 乳 小麦

コーンと玉ねぎの甘みが広がります。ほどよく冷めるとちょうどいいとろみに。

材料 (大人2人+子ども1人分)

玉ねぎ … 1/3個(60g)
バター(食塩不使用) … 15g
小麦粉 … 大さじ2
水 … 2と1/2カップ
顆粒コンソメ … 小さじ2/3
クリームコーン(缶詰) … 120g
A | ぬるま湯 … 大さじ2と1/2
　 | スキムミルク
　 | 　 … 大さじ2と1/3
B | 塩 … 小さじ1/3
　 | こしょう … 少々
ドライパセリ … 少々

作り方

1 玉ねぎは横半分に切ってから、縦2mm幅の薄切りにする。

2 鍋にバターをごく弱火で熱し、**1**を7分ほど炒める。、小麦粉をふり入れてからめ、粉っぽさがなくなったら弱火にかけ、混ぜながら、水を2回に分けて加え、なじませる。

3 顆粒コンソメ、クリームコーンを加え、ときどき鍋底から混ぜながら弱火で15分ほど煮る。火を止め、合わせた**A**、**B**を加える。ときどき鍋底から混ぜながら、弱火で3分ほど煮る。器に盛り、ドライパセリをふる。

> 小麦粉は火を止めてから加え、玉ねぎにしっかりからめるようにすると、ダマにならずになめらかな仕上がりに。

作り置きOK!

冷蔵3日間

清潔な保存容器に入れて、冷蔵庫へ。

ポトフ 〔卵〕〔乳〕

野菜が大きいとかみ切れないだけでなく、プレッシャーにも。小さめに切って、食べやすくします。

〔材料〕(大人2人+子ども1人分)

じゃがいも(メークイン)
　…1個(120g)
にんじん…1/5本(40g)
玉ねぎ…1/3個(60g)
キャベツ…小2枚(80g)

ベーコン…1と1/2枚
ホールコーン(缶詰)…20g
油…小さじ1
A｜水…480mℓ
　｜顆粒コンソメ…小さじ2/3
塩…ひとつまみ
こしょう…少々

ベーコンの代わりにウインナーでもOK。皮をかみ切れるように小さく切りましょう。

作り置きOK!

冷蔵3日間

清潔な保存容器に入れて、冷蔵庫へ。

〔作り方〕

1 じゃがいもは1.5cm幅のいちょう切りにして、水に5分ほどさらす。にんじんは5mm幅の小さめの三角形に切る。玉ねぎは横半分に切ってから、縦5mm幅の薄切りにする。キャベツは2cm四方に切る。ベーコンは5mm幅に切る。コーンは水けをきる。

2 鍋に油を中火で熱し、にんじん、玉ねぎを5分ほど妙める。ベーコン、水けをきったじゃがいも、キャベツを加え、ベーコンと野菜をからめるように2分ほど妙める。Aを加えて強火で煮立て、コーンを加え、弱火で15分ほど煮る。塩、こしょうを加え、1分ほど煮る。

わんたんスープ

包まないから簡単！　小さめに切ったひらひらわんたんがつるりと楽しい食感に。

（ 材料 ）(大人2人＋子ども1人分)

小松菜 … 1/6束(50g)
長ねぎ … 1/5本(30g)
豚ひき肉 … 40g
わんたんの皮 … 6枚
A｜水 … 3カップ
　｜鶏ガラスープの素
　｜　… 小さじ1
B｜しょうゆ … 小さじ2/3
　｜塩 … 少々

（ 作り方 ）

1 小松菜の茎は2cm幅に切り、葉は縦横斜めに包丁を入れて細かく切る。熱湯で5分ほどゆでて水にとり、水けをしぼる。長ねぎは小口切り、わんたんの皮は半分に切ってから、1cm幅に切る。

2 鍋にAを煮立て、長ねぎを加えて弱火で7分ほど煮る。ひき肉、わんたんの皮を順に加え、そのつどほぐす。Bを加え、さらに3分ほど煮る。小松菜を加えてひと煮する。

わんたんの皮は誤嚥の危険を防ぐため、小さめに切ります。

時間が経つとわんたんの皮がどんどん汁けを吸ってしまうので、食べる直前に入れましょう。

わんたんの皮はまとめて入れるとくっついてしまうので、必ずほぐして。

3章

ごはん、麺、パンの主食

具だくさんでおかずと一体化した主食レシピは、
子どもに人気。食の細い子でもたっぷり食べられます。
時間のないときでもササッと作れる丼物、
おやつにもなるアレンジトーストなど、
保育園で特に人気のレシピを紹介します。

カレーライス

子どもに食べやすい黄色いルウのカレー。口の中でまとまりやすいとろみに仕上げます。

(材 料) (作りやすい分量)

にんじん … 1/3本 (60g)
玉ねぎ … 1/2個 (120g)
じゃがいも (メークイン) … 1個 (180g)
豚もも薄切り肉 … 120g
油 … 大さじ1/2
水 … 3カップ

A 中濃ソース … 大さじ2/3
　トマトケチャップ … 大さじ1/2
　顆粒コンソメ … 小さじ1/2
　塩 … 小さじ1/2
B ぬるま湯 … 大さじ4
　スキムミルク … 大さじ1強
小麦粉 … 大さじ3弱
バター (食塩不使用) … 25g
カレー粉 … 小さじ1/2
温かいごはん … 2合分

> 子ども用のルウは辛くならないようにスキムミルクを加えてまろやかに仕上げます。

(作り方)

1 にんじんは5mm幅の小さめの三角形に切る。玉ねぎは横半分に切ってから縦5mm幅の薄切りにする。じゃがいもは2cm幅のいちょう切りにして、水に5分ほどさらす。豚肉は1〜2cm幅に切る。

2 鍋に油を弱火で熱し、にんじん、玉ねぎを15分ほど炒める。豚肉を加えて炒め、色が変わったら水けをきったじゃがいもを加え、2分ほど炒める。

3 水を加えて強火で煮立て、途中、アクを取りながら弱火で10分ほど煮る。Aを加え、さらに15分ほど煮る。

4 ルウを作る。フライパンにバターを弱火で熱し、溶けたら火を止める。小麦粉をふり入れて再び弱火にかけ、4分ほど炒め、泡が小さくなったら火を止め、カレー粉を加えて混ぜる。

5 3の火を止め、合わせたB、4を加えてじゃがいもをくずさないように鍋底から混ぜながら、ごく弱火で5分ほど煮る。器に盛ったごはんにかける。

◀ POINT

小麦粉は弱火で粘りけが少なくなって、気泡が小さくなるまでしっかり炒めます。

作り置き○K!

冷凍2週間
（ルウのみ）

作り方4の通りに作ったルウにA、合わせたBを加え、弱火でかたまるまで混ぜながら煮る。粗熱を取り、ラップで包み、保存袋に入れて冷凍庫へ。食べるときは作り方3まで同様に作り（Aは入れない）、適量のルウを凍ったまま加え、とろみがつくまで混ぜながら弱火で煮る。

👑2位 ラーメン 小麦

スープごと全部食べても塩分のとりすぎにならないよう薄味なので、汁物としても。

材料 (大人2人+子ども1人分)

中華麺(生)…300g
カットわかめ(乾)…大さじ1/2
焼き豚(市販)…80g
ホールコーン(缶詰)…45g
長ねぎ…1/2本(60g)
A│水…4と1/2カップ
　│しょうゆ…大さじ1
　│鶏ガラスープの素
　│　…大さじ1/2
　│塩…少々

作り方

1 わかめは水に3分ほどつけてもどし、粗みじん切りにする。熱湯で5分ほどゆで、水にとって冷ます。焼き豚は5mm角に切り、フライパンに油をひかずに弱火で3分ほど炒める。コーンは水けをきる。長ねぎは小口切りにする。

2 鍋にA、長ねぎを入れて煮立て、長ねぎがやわらかくなるまで弱火で10分ほど煮る。

3 中華麺は袋の上から十字に包丁を入れて切る。袋の表示時間より2分ほど長めにゆで、水にさらす。水けをきって器に盛り、2をかけ、水けをしぼったわかめ、焼き豚、コーンをのせる。

POINT

麺は食べやすいように袋ごと4等分に切りましょう。ゆでたら流水にさらし、塩けをしっかりと落とします。

👑3位 メロンパン風トースト

クッキー生地を食パンにのせて焼いた、お手軽メロンパン風トーストです。

（材料）（8枚切り2枚分）

食パン（8枚切り）…2枚
バター（食塩不使用）…10g
溶き卵…1/4個分
砂糖…大さじ2
小麦粉…大さじ3

（作り方）

1 耐熱容器にバターを入れてラップをかけ、電子レンジで20秒ほど加熱して溶かす。砂糖を加えて混ぜ、溶き卵、ふるった小麦粉を加え、よく混ぜる。

2 食パンに**1**を塗り、200℃に予熱したオーブンで5分ほど（オーブントースターで焼く場合も5分ほど）焼く。

3 1〜2歳児は1枚を6等分に、3〜5歳児は4等分に切って2〜3枚を器に盛る。

作り置きOK!
冷凍2週間
焼く前の状態でラップで包み、保存袋に入れて冷凍庫へ。食べるときは凍ったままトースターで7〜8分焼きます。

わかめごはん

わかめが主役の料理は、厚みのある塩蔵わかめがおすすめ。風味豊かでおいしく仕上がります。

材料 (作りやすい分量)

米 … 2合
にんじん … 1/4本 (50g)
油 … 大さじ1
わかめ (塩蔵) … 20g
しらす干し … 30g
だし汁 … 1/2カップ
A 砂糖、しょうゆ
　 … 各大さじ1

作り方

1 米はといで炊飯器の内釜に入れ、目盛り通りに水を加え、30分以上おく。合わせたAの1/3量を加えて混ぜ、炊く。

米に調味料を混ぜて炊くことで、味が均一にいきわたります。

2 にんじんは4cm長さの細切りにする。わかめは流水でよく洗い、水に2分ほどつけてもどし、軽く水けをしぼって粗みじん切りにする。しらすは熱湯で1分ほどゆでて水けをきる。

3 フライパンに油を弱火で熱し、にんじんを入れて2分ほど炒める。だし汁、残りのA、わかめ、しらすを加え、8分ほど煮る。強火にして汁けを飛ばす。炊き上がった1に加えて混ぜる。

作り置きOK!
冷凍2週間

ラップで包み、保存袋に入れて冷凍庫へ。食べるときは電子レンジで温めてください。

ふりかけおにぎり

カルシウムたっぷり、塩分控えめのふりかけ。
混ぜ込むことで子どもも食べやすくなります。

(材料)（作りやすい分量）

温かいごはん … 2合分
ちりめんじゃこ … 20g
白いりごま … 大さじ1
ごま油 … 小さじ1/2

しょうゆ … 少々
A｜青のり … 大さじ1/2
　｜削り節 … 1袋(2.5g)

(作り方)

1 フライパンにごま油を弱火で熱し、ちりめん
じゃこ、白ごまを3分ほど炒める。具材にかか
るようにしょうゆを加え、さらに1分ほど炒め
て火を止め、**A**を加えて混ぜる。

2 温かいごはんに**1**を加えて混ぜ、食べやすいサ
イズににぎる。

作り置きOK!

冷凍2週間

1個ずつラップで包み、
保存袋に入れて冷凍庫へ。
食べるときは電子レンジ
で温めてください。

作り置きOK!

冷蔵3日間
（納豆トッピングのみ）

清潔な保存容器に入れて、
冷蔵庫へ。

納豆ときゅうりの
ごはん

野菜や青のりで栄養価をアップ。
食感も、彩りもよくなります。

(材料)（作りやすい分量）

ひき割り納豆 …60g
にんじん … 3cm (30g)
きゅうり … 1/5本(20g)

A｜青のり、しょうゆ
　｜ … 各小さじ1/2
温かいごはん … 2合分

(作り方)

1 にんじん、きゅうりはみじん切りにする。に
んじんは水から沸騰後、3分ほどゆでる。きゅ
うりは熱湯で1分ほどゆで、にんじんと合わせ
て水にとって冷ます。

2 ボウルにひき割り納豆、水けをしぼった**1**、**A**
を入れて混ぜ、器に盛ったごはんにのせる。

ハヤシライス

しっかり加熱することで野菜の甘みが出るうえに、酸味も飛んで、より子ども好みの味に。

(材料) (作りやすい分量)

玉ねぎ … 1個 (180g)
にんじん … 1/2本 (90g)
豚もも薄切り肉 … 180g
油 … 大さじ2弱
バター (食塩不使用) … 20g
小麦粉 … 大さじ4と1/3
水 … 2と1/2カップ
A｜トマトピューレ
　　… 大さじ4と2/3
　トマトケチャップ
　　… 大さじ1と2/3
　ウスターソース、砂糖
　　… 各大さじ1
　顆粒コンソメ … 小さじ1/2
　塩 … 小さじ1/3
温かいごはん … 2合分

(作り方)

1 玉ねぎは横半分に切ってから、縦5mm幅の薄切りにする。にんじんは5mm幅の小さめの三角形に切る。豚肉は1～2cm幅に切る。

2 鍋に油、バターを中火で熱し、玉ねぎ、にんじんを10分ほど炒める。さらに3分ほど弱火で炒め、豚肉を加える。中火にし、豚肉の色が変わるまで炒める。

3 火を止めて、小麦粉をふり入れてからめる。粉っぽさがなくなったら再び弱火にかけ、水を2回に分けて加え、なじませるように混ぜる。

4 Aを加え、こがさないようにときどき鍋底から混ぜながら、弱火で10分ほど煮る。器に盛ったごはんにかける。

作り置き○K!

冷凍2週間
（ルウのみ）

P74のクリームシチューの作り方**3**を参照して油、バター（食塩不使用）、小麦粉でルウを作り、**A**を加え、弱火でかたまるまで混ぜながら煮る。粗熱を取り、ラップで包み、保存袋に入れて冷凍庫へ。食べるときは作り方**2**まで同様に作り（油は少々にし、バターは入れない）、水を加えて野菜がやわらかくなるまで煮込んだら、適量のルウを凍ったまま加え、とろみがつくまで混ぜながら弱火で煮る。

チキンライス

仕上げにしっかり煮つめて酸味と水分を飛ばすのが、ベチャッとしないおいしいチキンライスのコツ。

（ 材 料 ）(作りやすい分量)

米 … 2合
にんじん … 1/4本(50g)
玉ねぎ … 3/4個(150g)
ホールコーン(缶詰)… 100g
鶏もも肉 … 150g
油 … 大さじ1
A｜トマトケチャップ
　　 … 大さじ3と1/3
　｜顆粒コンソメ、塩
　　 … 各小さじ1/2
　｜こしょう … 少々
グリーンピース(冷凍)
　　 … 大さじ3

（ 作り方 ）

1 米はといで炊飯器の目盛り通りに水を加え、30分以上おく。合わせたAの1/3量を加えて混ぜ、炊く。

米に調味料を混ぜて炊くことで、味が均一にいきわたります。

2 にんじん、玉ねぎは粗みじん切りにする。鶏肉は1cm角に切る。コーンは水けをきる。グリーンピースは熱湯で1分ほどゆでて、水にとって冷まし、水けをきる。

3 フライパンに油を中火で熱し、にんじん、玉ねぎを5分ほど炒める。弱火にしてさらに5分ほど炒める。鶏肉とコーンを加え、鶏肉の色が変わるまで1分30秒～2分炒める。残りのAを加え、弱火で5分ほど煮つめる。

時間があれば、10分ほど煮つめるとより濃厚な味わいに。

4 炊き上がった**1**に**3**、グリーンピースを混ぜる。

作り置きOK!
冷凍2週間

ラップで包み、保存袋に入れて冷凍庫へ。食べるときは電子レンジで温めてください。

中華丼 卵(うずら)

保育園では、人手の少ない土曜日によく作っていた簡単丼。リクエストも多いメニューです。

(材料) (作りやすい分量)

にんじん … 1/4本 (50g)
玉ねぎ … 1/3個 (80g)
白菜 … 大1枚 (130g)
豚もも薄切り肉 … 160g
うずらの卵 (水煮) … 5個
ごま油 … 大さじ1と1/2
水 … 1カップ
A│ しょうゆ … 大さじ1
　│ 砂糖 … 大さじ1/2
　│ 生姜のしぼり汁
　│ 　… 小さじ1/3
　│ 鶏ガラスープの素 … 少々
B│ 水、片栗粉 … 各大さじ1
温かいごはん … 2合分

(作り方)

1 にんじんは4cm長さ、2mm厚さの短冊切りにする。玉ねぎは横半分に切ってから縦5mm幅の薄切りにする。白菜は3cm長さ、1cm幅ほどのざく切り、豚肉は1〜2cm幅に切る。

2 フライパンにごま油を中火で熱し、にんじん、玉ねぎを5分ほど炒める。豚肉を加えて弱火にし、色が変わるまで炒める。白菜を加えて中火にし、しんなりするまで2分ほど炒める。

3 水を加えて煮立て、うずらの卵、Aを加える。弱火で15分ほど煮る。火を止めて、合わせたBを加えてとろみをつけ、弱火で1分ほど煮る。うずらの卵を4つ割りにして (誤嚥予防のため)、器に盛ったごはんにかける。

白菜の軸が透き通ってくれば、かみ切りやすくなっています。小松菜などを加えてアレンジしても。

作り置きOK!
冷凍2週間
(中華あんのみ)

うずらの卵を除いてあんをラップで包み、保存袋に入れて冷凍庫へ。食べるときは電子レンジで温めてください。

ビビンバ丼

ひと皿で肉も野菜もたっぷり！　いり卵やごまをプラスするのもおすすめです。

材料 (作りやすい分量)

〈肉そぼろ〉

豚ひき肉 … 180g

ごま油 … 大さじ1/2

A | しょうゆ … 小さじ1強
　　砂糖、おろしにんにく
　　　… 各小さじ1/2
　　味噌 … 小さじ1/3

〈ナムル〉

にんじん … 1/2本 (90g)

もやし … 2/3袋 (180g)

小松菜 … 2/3束 (180g)

B | ごま油 … 大さじ1
　　水 … 小さじ1
　　鶏ガラスープの素
　　　… 小さじ1/2
　　塩 … ひとつまみ

温かいごはん … 2合分

作り方

1　にんじんは4cm長さの細切りにする。もやしは2cm長さに切る。小松菜は茎は2cm幅に切り、葉は縦横斜めに包丁を入れて細かく切る。

2　にんじんは水から沸騰後、3分ほどゆでる。もやしは熱湯で3分ほどゆでる。小松菜は熱湯で5分ほどゆで、すべて合わせて水にとって冷ます。

> 1〜2歳児の子どもたちには、野菜はそれぞれ少しやわらかめにゆでてください。

3　耐熱ボウルにBを合わせ、電子レンジで20秒ほど加熱して混ぜる。

4　ボウルに水けをしぼった2を入れ、Bを加えて和える。冷蔵庫で冷やす。

5　フライパンにごま油を中火で熱し、ひき肉を入れ、Aを加えて3〜4分、色が変わるまで炒める。4とともに器に盛ったごはんにのせる。

> 食べるときは、具をすべてごはんに混ぜてあげると食べやすくなります。

作り置きOK!
冷凍2週間
（肉そぼろ、ナムルのみ）

肉そぼろ、ナムルをそれぞれラップで包み、保存袋に入れて冷凍庫へ。食べるときは電子レンジで解凍を。ナムルは水けが出るので、軽くしぼりましょう。

焼き豚チャーハン

子どもはパラパラしたものが苦手なので
食べやすい混ぜごはん風に作りましょう。

(材料)（作りやすい分量）

温かいごはん … 2合分　　ホールコーン（缶詰）… 40g
焼き豚（市販）… 150g　　油 … 大さじ1
にんじん … 1/4本（50g）　A｜しょうゆ … 小さじ1/2
長ねぎ … 4/5本（80g）　　｜塩 … ひとつまみ
　　　　　　　　　　　　　｜こしょう … 少々

(作り方)

1　にんじん、長ねぎはみじん切りにする。焼き豚は5mm角に切る。コーンは水けをきる。

2　フライパンに油を中火で熱し、にんじん、長ねぎを5分ほど炒める。焼き豚、コーンを加え、弱火で8分ほど炒める。

3　Aを加え、弱火で1分ほど炒めて火を止め、ごはんを加えて混ぜる。

作り置きOK!
冷凍2週間
ラップで包み、保存袋に入れて冷凍庫へ。食べるときは電子レンジで温めてください。

しらすと桜えびの
チャーハン　卵　えび

少しかたい桜えびはみじん切りにすると
食べやすく、ごはんにもよくなじみます。

(材料)（作りやすい分量）

温かいごはん … 2合分　　溶き卵 … 2個分
しらす干し … 40g　　　　白いりごま … 大さじ1
桜えび … 大さじ2と2/3　油 … 大さじ1と1/2
長ねぎ … 1本（100g）　　塩、こしょう … 各少々

(作り方)

1　桜えび、長ねぎはみじん切りにする。

2　フライパンに油を弱火で熱し、長ねぎを3分ほど炒める。桜えびを加え、さらに3分ほど炒める。しらす、白ごま、塩、こしょうを加えて混ぜ、溶き卵を加え、ほぐしながら3分ほど炒める。

3　火を止め、ごはんを加えて混ぜる。

作り置きOK!
冷凍2週間
ラップで包み、保存袋に入れて冷凍庫へ。食べるときは電子レンジで温めてください。

焼きそば 小麦

麺の量と同じくらいの野菜を加えます。よく炒めることでかさが減り、たっぷり食べられます。

材料 (大人2人+子ども1人分)

焼きそば用蒸し麺 … 3袋
にんじん … 1/3本 (60g)
キャベツ … 4枚 (190g)
にら … 1/2束 (60g)
もやし … 1/2袋 (120g)
豚もも薄切り肉 … 120g
油 … 大さじ1
A｜中濃ソース … 大さじ4
　｜塩 … 小さじ1/3
青のり … 少々

作り方

1 にんじんは4cm長さの細切り、キャベツは3cm長さ、1cm幅の短冊切りにする。にら、もやしは2cm長さに切る。豚肉は1〜2cm幅に切る。

2 焼きそば麺は袋の上から十字に包丁を入れて切る。ざるに入れ、水洗いしてやさしくほぐす。

3 フライパンに油を中火で熱し、にんじん、キャベツを5分ほど炒め、弱火でさらに5分ほど炒める。豚肉を加えて中火にし、色が変わるまで炒める。

4 にら、もやしを加えて8分ほど炒める。麺を加え、Aを加えて水分を飛ばすように3分ほど炒める。器に盛り、青のりをふる。

> 麺を水洗いしてほぐしておくと、混ぜやすいだけでなく、後から水分を加える必要がありません。

作り置きOK!
冷凍2週間

ラップで包み、保存袋に入れて冷凍庫へ。食べるときは電子レンジで温めてください。

ナポリタン

大人も子どもも大好きなケチャップ味。野菜をじっくり炒めて甘みを引き出しましょう。

(材料) (大人2人+子ども1人分)

スパゲティ (乾) … 180g
にんじん … 1/2本 (90g)
玉ねぎ … 1/2個 (90g)
ピーマン … 3個 (100g)
ハム … 6枚
油 … 大さじ1/2
塩 … ひとつまみ
こしょう … 少々
トマトケチャップ
　 … 大さじ3

(作り方)

1 玉ねぎは横半分に切ってから縦2mm幅の薄切りにする。にんじん、ピーマンは4cm長さの細切りにする。ハムは半分に切ってから5mm幅に切る。

2 フライパンに油を中火で熱し、にんじんと玉ねぎを2分ほど炒める。ピーマンを加えて弱火で8分ほど炒めたら、ハムを加えて塩、こしょうをふり、さらに5分ほど炒める。ケチャップ大さじ2を加えて、5分ほど炒める。

3 鍋に湯を沸かし、スパゲティを3等分に折って入れ、袋の表示時間より3分長めにゆでる (塩は加えない)。ゆで上がったらざるに上げ、残りのケチャップをからめる。2に加えて混ぜる。

ケチャップを軽く煮つめるようにして炒め、酸味を飛ばすことで、薄味でも甘くて濃厚な味わいに。

スパゲティに少量のケチャップを混ぜておくことで、味がよくなじみます。

作り置きOK!
冷凍2週間
ラップで包み、保存袋に入れて冷凍庫へ。食べるときは電子レンジで温めてください。

きのこスパゲティ

きのことベーコンでうまみたっぷり。しょうゆ味がよく合います。

（材料）（大人2人＋子ども1人分）

スパゲティ（乾）…180g
玉ねぎ…1/3個（80g）
ベーコン…3と1/2枚
しめじ…1/2パック（40g）
えのきだけ…1/2袋（50g）
油…大さじ1弱
A｜しょうゆ…小さじ1/2強
　｜塩…小さじ1/3弱

（作り方）

1 鍋に湯を沸かし、スパゲティを3等分に折って入れ、袋の表示時間より3分長めにゆでる（塩は加えない）。ゆで上がったらざるに上げ、油少々（分量外）をからめる。

2 玉ねぎは横半分に切ってから縦2mm幅の薄切りにする。しめじは1cm長さに切ってほぐし、かさの部分は粗みじん切りにする。えのきは1cm長さに切り、ほぐす。ベーコンは5mm幅に切る。

3 フライパンに油を弱火で熱し、玉ねぎを10分ほど炒める。ベーコンときのこを加えてさらに7分ほど炒め、Aを加えて1分ほど炒める。1のスパゲティを加えて混ぜる。

子どもにはかみ切りにくいきのこやベーコンは、よく炒めてやわらかく仕上げて。

作り置きOK!
冷凍2週間
ラップで包み、保存袋に入れて冷凍庫へ。食べるときは電子レンジで温めてください。

きつねうどん

油揚げはかみ切りやすいように、細かく刻んであげましょう。

（材料）(大人2人+子ども1人分)

うどん (乾)…200g
油揚げ…1枚
A｜だし汁…3/4カップ
　｜砂糖…大さじ1/2
　｜しょうゆ…小さじ1弱
にんじん…1/5本 (40g)
長ねぎ…1/5本 (20g)
ほうれん草…1/3束 (80g)
だし汁…4カップ
B｜みりん、しょうゆ
　｜　…小さじ2
　｜塩…ひとつまみ

（作り方）

1　ほうれん草の茎は2cm幅に切り、葉は縦横斜めに包丁を入れて細かく切る。熱湯で2分ほどゆで、水にとって冷まし、水けをしぼる。にんじんは4cm長さの細切り、長ねぎは小口切りにする。油揚げは油抜きし、縦4等分に切ってから細切りにする。

2　鍋に油揚げ、Aを入れて煮立て、弱火にし、15分ほど煮る。

3　別の鍋にだし汁、にんじん、長ねぎを入れて煮立て、弱火にし、15分ほど煮る。Bを加え、さらに3分ほど煮る。

4　別の鍋に湯を沸かし、うどんを3等分に折って入れ、袋の表示時間より5分長めにゆでる。水洗いして水けをきる。器に盛り、3をかけ、2とほうれん草をのせる。

ピザトースト

焼く直前の状態で冷凍しておけるトーストメニュー。忙しい朝にもぴったりです。

(材料)（8枚切り2枚分）

食パン（8枚切り）… 2枚
玉ねぎ … 1/6個（30g）
ピーマン … 1/3個（15g）
ホールコーン（缶詰）… 20g
油 … 小さじ1
トマトケチャップ … 小さじ2
ピザ用チーズ
　　… 大さじ2と1/2

(作り方)

1 玉ねぎは横半分に切ってから縦1mm幅の薄切りにする。ピーマンは4cm長さの細切りにする。コーンは水けをきる。

2 フライパンに油を弱火で熱し、玉ねぎ、ピーマンを7分ほど炒める。火を止め、コーンを加えて混ぜる。

3 食パンにケチャップを塗り、**2**、ピザ用チーズの順にのせ、200℃に予熱したオーブンで5分ほど（オーブントースターで焼く場合も5分ほど）焼く。

4 1〜2歳児は1枚を6等分に、3〜5歳児は4等分に切って2〜3枚を器に盛る。

チーズはコーンにかぶせるようにしてのせると、落ちにくく食べやすくなります。チーズはスライスチーズよりかみ切りやすいピザ用チーズがおすすめ。

作り置きOK!
冷凍2週間

焼く前の状態でラップで包み、保存袋に入れて冷凍庫へ。食べるときは凍ったままオーブントースターで7〜8分焼きます。

コーンマヨトースト

卵　乳　小麦

ヨーグルトを加えることでふんわり。
冷めるとかたくなるので食べる直前に焼いて。

（ 材 料 ）（8枚切り2枚分）

食パン（8枚切り）… 2枚
ホールコーン（缶詰）… 40g
玉ねぎ… 1/10個（20g）

A　マヨネーズ
　　…大さじ1と1/3
　　プレーンヨーグルト
　　（無糖）… 小さじ1

（ 作り方 ）

1　玉ねぎはみじん切りにする。熱湯で5分ゆで、水にとって冷まし、水けをしぼる。コーンは水けをきる。

2　ボウルに 1、A を入れて混ぜ、パンに塗り、200℃に予熱したオーブンで7分ほど（オーブントースターで焼く場合も7分ほど）焼く。

3　1〜2歳児は1枚を6等分に、3〜5歳児は4等分に切って2〜3枚を器に盛る。

作り置きOK!

冷凍2週間

焼く前の状態でラップで包み、保存袋に入れて冷凍庫へ。食べるときは凍ったままオーブントースターで7〜8分焼きます。

フレンチトースト

卵　乳　小麦

オーブンを使えば、ひっくり返さなくてOK。
卵を使っているので中までしっかり焼きます。

（ 材 料 ）（8枚切り2枚分）

食パン（8枚切り）
… 2枚

A　牛乳… 120㎖
　　溶き卵… 1個分
　　砂糖… 大さじ1と1/2
　　バター（食塩不使用）… 15g

（ 作り方 ）

1　バットなどに A を入れて混ぜ、食パンを片面30秒ずつひたす。

2　耐熱容器にバターを入れてラップをかけ、電子レンジで20秒ほど加熱して溶かす。天板にオーブンシートを敷いて溶かしたバターを塗り、1 を並べ、200℃に予熱したオーブンで10分ほど（オーブントースターで焼く場合も10分ほど）焼く。

3　1〜2歳児は1枚を6等分に、3〜5歳児は4等分に切って2〜3枚を器に盛る。

作り置きOK!

冷凍2週間

焼く前の状態でラップで包み、保存袋に入れて冷凍庫へ。食べるときは凍ったままオーブントースターで15分ほど焼きます。

きな粉あげパン

（卵）（乳製品）（小麦）

パンの底の白い部分が上と同じくらいの
色になるとちょうどいい揚がり具合です。

（ 材料 ）（3個分）

バターロール … 3個
揚げ油 … 適量
A きな粉 … 大さじ1と1/2
　 砂糖 … 大さじ1強
　 塩 … 少々

（ 作り方 ）

1 ボウルに**A**を合わせておく。

2 揚げ油を高温（約180℃）に熱し、パンを入れ、
1分揚げる。上下を返し、さらに1分揚げる。

3 熱いうちに**1**のボウルに入れてまぶす。

ごまトースト

（卵）（小麦）

混ぜて塗るだけの簡単レシピ。
トーストせずに食べてもおいしい。

（ 材料 ）（8枚切り2枚分）

食パン（8枚切り）… 2枚
白すりごま … 大さじ1と1/3
バター（食塩不使用）… 15g
砂糖 … 小さじ2

（ 作り方 ）

1 耐熱容器にバターを入れてラップをかけ、電
子レンジで20秒ほど加熱して溶かす。白すり
ごま、砂糖を加えて混ぜる。

2 食パンに**1**を塗り、200℃に予熱したオーブン
で3分ほど（オーブントースターで焼く場合も3分ほ
ど）焼く。

3 1～2歳児は1枚を6等分に、3～5歳児は4
等分に切って2～3枚を器に盛る。

作り置きOK!

冷凍2週間

焼く前の状態でラップで包み、
保存袋に入れて冷凍庫へ。食べ
るときは凍ったままオーブント
ースターで3分ほど焼きます。

優しい甘さのおやつ

子どもにとっては栄養源のひとつでもあるおやつ。
時間のあるときにはぜひ手作りにも挑戦してみてください。

豆乳もち

おもちよりかみ切りやすく、保育園でも安心して食べられる、簡単おやつです。

材料 (大人2人+子ども1人分)

A | 調製豆乳…3/4カップ
砂糖…小さじ1と2/3
片栗粉…大さじ2と1/2

B | きな粉…大さじ1と1/3
砂糖…大さじ1

作り方

1 鍋にAを入れて混ぜ、弱火にかけ、鍋底からかき混ぜながら1分ほど加熱する。少しずつかたまってくるので、さらに混ぜながら1分ほど加熱する。

2 もち状になったら、水でぬらしたバットに入れ、ゴムべらで1cmほどの厚さに伸ばして表面を平らにする（ゴムべらにくっついて伸ばしにくい場合は、ゴムべらを軽く水でぬらす）。粗熱を取り、冷蔵庫で30分ほど冷やす。

3 まな板に合わせたBを1/3量ほど広げ、2をのせる。さらにBを1/3量ほどかけて全体にまぶし、包丁で2.5cm四方に切り分ける。器に盛り、残りのBをかける。

豆乳ブラマンジェ 乳

ぷるぷるブラマンジェにいちごのソースがよく合います。

（ 材料 ）（100mℓ容量の
カップ5個分）

粉ゼラチン … 7g
水 … 大さじ2
砂糖 … 大さじ3
A｜調製豆乳 … 140mℓ
　｜牛乳 … 110mℓ
　｜生クリーム … 70mℓ
B｜いちごジャム … 大さじ2
　｜水 … 大さじ1と1/2

（ 作り方 ）

1　Aは室温にもどす。

2　鍋に水を入れて、ゼラチンをふり入れ
　て混ぜ、溶けたら弱火にかけ、混ぜな
　がら1分ほど加熱する。鍋の周りに小
　さい泡が出てきたら火を止める。温か
　いうちに砂糖を加えて混ぜ、溶けたら1
　を加えて混ぜる。

3　ゼリーカップに流し入れ、冷蔵庫で1時
　間以上冷やしかためる。

4　小鍋にBを入れて煮立て、弱火にし、
　30秒煮て粗熱を取る。3にかける。

冷たいままゼラチンと合
わせると、急に温度が下
がり、ゼラチンのかたま
りができてしまうので気
をつけてください。

ゼラチンは沸騰させると
かたまりにくくなるので
沸騰直前で火を止めてく
ださい。

にんじん入りオレンジゼリー 乳

にんじん嫌いの子どももこれなら大好き！ ヨーグルトソースはお好みでどうぞ。

（ 材料 ） （120㎖容量の カップ5個分）

にんじん … 1/2本（100g）
みかんジュース（果汁100％）
　… 300㎖
粉ゼラチン … 13g
水 … 80㎖
砂糖 … 大さじ3と1/3
A｜プレーンヨーグルト（無糖）
　　　… 大さじ6と2/3
　　砂糖 … 大さじ1

（ 作り方 ）

1 ジュースは室温にもどす。

2 にんじんは2cm幅の輪切りにし、水から沸騰後、10分ゆでてざるに上げる。粗熱が取れたら、ハンドミキサーや裏ごし器などでペースト状にする。

3 鍋に水を入れて、ゼラチンをふり入れて混ぜ、溶けたら弱火にかけ、混ぜながら1分ほど加熱する。鍋の周りに小さい泡が出てきたら火を止める。温かいうちに砂糖を加えて混ぜ、溶けたら**1**、**2**を加えて混ぜる。

4 ゼリーカップに流し入れ、冷蔵庫で1時間以上冷やしかためる。合わせた**A**をかける。

レーズン蒸しパン

卵は不使用。粉をふるうなどの手間もない簡単おやつ。多めに作って冷凍しても。

材料 (5個分)

レーズン … 20g
A　小麦粉 … 100g
　　ベーキングパウダー
　　　 … 小さじ1
　　砂糖 … 大さじ3弱
牛乳 … 90㎖
油 … 大さじ1と1/2

作り方

1　レーズンは熱湯に3分ほどつけてもどし、粗み
　　じん切りにする。

2　ボウルにAを入れて泡立て器でよく混ぜる。牛
　　乳を加え、ゴムべらで粉っぽさがほぼなくな
　　るまで混ぜたら、1、油を加えて混ぜる。カ
　　ップに流し入れる。

3　蒸気の上がった蒸し器に並べ、強火で10分ほ
　　ど蒸す。

生地は混ぜすぎるとか
たくなります。全体が
なじむくらいに混ぜれ
ばOKです。

作り置きOK!
冷凍2週間

ラップで包み、保存袋に
入れて冷凍庫へ。食べる
ときは電子レンジで温め
てください。

スノーボール 乳 小麦

アーモンドプードルの代わりに片栗粉で作る
お手軽サクほろクッキーです。

（ 材料 ）(直径2〜2.5cm 18個分)

バター	A	小麦粉 …50g
（食塩不使用）		片栗粉 … 大さじ5と1/2
…50g		粉砂糖 … 大さじ2

（ 作り方 ）

1 Aは合わせてふるう。

2 耐熱容器にバターを入れてラップをかけ、電子
レンジで30〜40秒ほど加熱して溶かす。 **1** を加
えて混ぜ、ひとまとめにする。

3 オーブンシートを敷いた天板に、 **2** を18等分に
して、直径2〜2.5cmほどに丸めながら並べる。
180℃に予熱したオーブンで15分ほど（オーブン
トースターで焼く場合も15分ほど。途中で様子を見て、
こげそうならアルミホイルをかぶせる）焼く。

4 粗熱が取れたら、全体に粉砂糖（分量外）をまぶす。

 **作り置きOK!** **冷凍2週間** ラップで包み、保存袋
に入れて冷凍庫へ。食
べるときは室温におい
て解凍してください。

マカロニきな粉 小麦

保育園で人気の定番おやつ。
きな粉もちのような味わいが大人気です。

（ 材料 ）(大人2人分+子ども1人分)

マカロニ(乾)…45g
A｜きな粉 … 大さじ2と1/3
｜砂糖 … 大さじ1と1/3
｜塩 … 少々

（ 作り方 ）

1 鍋に湯を沸かし、マカロニを袋の表示時間よ
り3分長めにゆでる（塩は加えない）。

2 ボウルにAを合わせ、ゆで上がったマカロニが
温かいうちに水けをきって加え、混ぜる。

3 器に盛り、ボウルに残ったきな粉をかける。

スイートポテト

水分を多めに加えてふんわりしっとり。
スキムミルクの量は生地のかたさを見て調整を。

（材料）（5個分）

さつまいも
　…1本（250g）
バター（食塩不使用）
　…5g

砂糖…大さじ1と1/3
A｜ぬるま湯
　　…大さじ2と1/3
　｜スキムミルク
　　…大さじ2
溶き卵…1/4個分

（作り方）

1 さつまいもは皮をむき、2cm幅の半月切りにし、5分ほど水にさらす。水から沸騰後15分ほど、フォークがすっとささるようになるまでゆでて水けをきる。

2 1をボウルに入れ、熱いうちにつぶし、バター、砂糖、合わせたAを加えて混ぜる。5等分にして俵形に整え、ホイルケースに形よく詰めて、表面にスプーンで溶き卵を塗る。

3 190℃に予熱したオーブンで20分ほど（オーブントースターで焼く場合も20分ほど）焼く。

作り置き○K!
冷凍1週間
ラップで包み、保存袋に入れて冷凍庫へ。食べるときは電子レンジで解凍してください。

フライドポテト

皮つきのまま切ることで咀嚼の練習にも。
1歳児向けには、皮をむいて揚げましょう。

（材料）（大人2人分+子ども1人分）

じゃがいも（メークイン）
　…小2個（250g）
揚げ油…適量
塩…少々

（作り方）

1 じゃがいもは皮つきのまま8つ割りにし、水に10分ほどさらす。水けをきり、1切れずつ水けを拭く。

2 揚げ油を高温（約180℃）に熱し、1を入れ、3分ほど揚げる。菜箸などで軽く混ぜ、さらに4分揚げる。熱いうちに塩をふってまぶす。

column

市販のおすすめ食材

常備しておくと便利な、おすすめ食材を紹介します。
調理を楽にしてくれるものや、そのままでおやつになるものも。
おいしくて栄養価も高く、日持ちするものばかりですので、ぜひお試しください。

森永
スキムミルク

175g　378円（税込）

森永乳業

おすすめポイント

牛乳より低脂質でカルシウムなどが補給しやすく、ジッパーつきで保存もききます。スーパーなどでも購入でき、ほどよい量なので、使いやすいです。

あご旨だし

［塩・添加物 無添加］

8g×20包
1,620円（税込）

長田食品

おすすめポイント

市販のだしの素は食塩が添加されていないものを選びましょう。このだしパックは、焼きあご、削り節、昆布、いりこなどからとるだし汁に近い味なのでおすすめです。

宮崎県産
切干大根

（カット品）

100g　698円（税込）

藤和乾物

おすすめポイント

無添加、無着色、天日で乾燥した切干大根です。もともとカットされているので、水でもどしたあと、切る手間が省けます。香りがよく、甘みがあります。

カルケット

75g（37.5g×2袋）

151円（税込）

カルケット

おすすめポイント

おやつにおすすめ。カルシウムや鉄が含まれたビスケットです。子どものおやつは4回目の食事。できるだけ栄養素がプラスされているおやつを選ぶようにしましょう。

塩無添加
食べる小魚

40g　267円（税込）

ヤマキ

おすすめポイント

おやつにおすすめ。カルシウムもとれて、かむ練習にもぴったり。塩を使わずに釜ゆでしているので、塩分を気にせず食べられます。ジッパーがついているので保管にも便利です。

もち麦と
ごませんべい

10枚　237円（税込）

岩塚製菓

おすすめポイント

おやつにおすすめ。もち麦、金ごま、黒ごまを練り込んで焼いた、塩分控えめで香ばしいせんべいです。ごまは栄養価が高く、カルシウムや鉄、ビタミン、ミネラルなどがとれます。

栃木県産

紅はるか
干し芋

45g　260円（税込）

壮関

おすすめポイント

おやつにおすすめ。さつまいもだけで作られていて、自然の甘さが楽しめ、食物繊維もとれます。子どもも食べやすいスティック状になっています。

幼児期に気をつけたい食べ物リスト

幼児期はどんどん食べられるものが増えてくる時期ではありますが、まだかむ力や消化管が発達途上のため、食べられないものや気をつけなくてはいけないものがあります。こちらのリストで確認してみてください。

ごはん・パン・麺

食品名	1歳半〜2歳	3歳〜5歳	
玄米	✕	△	消化吸収に時間がかかるので、食べる場合はやわらかめに炊き、少量にしましょう。
赤飯	△	○	もち米は弾力があり、かむのに力がいります。半量ほど米を混ぜると食べやすくなります。
おもち	✕	△	のどに詰まらせる心配があるので3歳以降に。小さくちぎってから食べさせるようにします。
ベーグル	✕	△	生地に弾力があるので、奥歯が生えてかみ合わせがしっかりしてからにしましょう。
そば	△	○	食物アレルギーの症状が出る可能性もあるので、少量から様子を見ながらあげましょう。
中華麺	○	○	やや弾力があるので、やわらかめにゆでて食べやすい長さに切りましょう。

肉・魚・卵・加工品など

食品名	1歳半〜2歳	3歳〜5歳	
ハム・ソーセージ・ベーコン	△	○	塩分が含まれているので、少量を使うようにしましょう。1〜2歳代では小さく刻みます。
刺身	△	○	鮮度がよく、やわらかいものなら3歳頃から食べても構いません。
えび・かに	△	○	食物アレルギーの症状が出る可能性もあるので、少量から様子を見ながらあげましょう。
貝類	△	○	生食は避け、しっかり加熱しましょう。かみ切りにくいので、1〜2歳代では細かく刻みます。
ほたて	△	○	3歳頃までは生食は避け、しっかり加熱しましょう。
たこ・いか	△	○	弾力があるので、奥歯が生えてかみ合わせがしっかりしてからにしましょう。
魚卵（いくら、たらこ）	△	△	塩分や添加物が多いので、食べさせるなら少量にしましょう。
干物	△	△	塩分が多いので、食べさせるなら少量にしましょう。
生卵	✕	△	細菌感染の恐れがあるので、生は避けて必ず加熱しましょう。生食は3歳以降にします。
油揚げ	△	○	かみ切りにくいので、1〜2歳代では細かく刻みます。使用前に油抜きをしましょう。
かまぼこ	△	○	薄く切れば1歳半頃から食べても構いません。
ちくわ	△	○	弾力があるので1〜2歳代では小さく刻みます。

野菜・海藻など

食品名	1歳半〜2歳	3歳〜5歳	
生野菜	△	○	奥歯が生える前は繊維をすりつぶせないので、ゆでてやわらかくしましょう。
きのこ類	○	○	繊維が多くてかみ切りにくいので、細かく刻みます。

食品名	1歳半〜2歳	3歳〜5歳	
生姜	◎	◎	刺激が強いので、少量を加熱して料理の風味や香りづけに使います。
にんにく	◎	◎	刺激が強いので、少量を加熱して料理の風味や香りづけに使います。
ミニトマト	◎ ※切り方注意	◎	のどに詰まらせる心配があるので、1/4以下に小さく切ってから食べさせます。
たけのこ	◎	◎	繊維が多いのでやわらかく加熱しましょう。
こんにゃく・しらたき	◎ ※切り方注意	◎	弾力があってかみ切りにくいので、細かく刻みます。
わかめ	◎ ※切り方注意	◎	かみ切りにくいので、細かく刻みます。
味つけのり	△	△	塩分や添加物が多いので、できるだけ普通の焼きのりを使いましょう。食べさせるなら細かく刻みます。
漬物	△	△	塩分が多いので、食べさせるなら細かく刻んで少量にしましょう。
ナッツ類	✕	✕	食物アレルギーに注意。のどに詰まらせる心配があるので避けましょう。

調味料

食品名	1歳半〜2歳	3歳〜5歳	
こしょう	△	△	刺激が強いので、ごく少量を料理の風味や香りづけに使います。
ドレッシング	△	◎	塩分や添加物が多いので、食べさせるなら少量にしましょう。できるだけ手作りすると安心です。
酢	◎	◎	刺激が強くならないよう控えめに。加熱して酸味をやわらげると食べやすくなります。
みりん・酒	◎	◎	アルコール分が含まれているので、控えめに。必ず加熱してアルコールを飛ばしましょう。
わさび・練りがらし	✕	✕	辛みと刺激が強く、チューブタイプは添加物も入っているので避けましょう。
豆板醤	✕	✕	辛みと刺激が強いので避けましょう。
はちみつ・黒砂糖	◎	◎	「乳児ボツリヌス菌」の心配があるので、1歳未満はNG。1歳半以降は少量から様子を見ながらあげましょう。

飲み物

食品名	1歳半〜2歳	3歳〜5歳	
緑茶・ウーロン茶	△	△	カフェインを含むので、飲ませるなら水で薄めて少量にしましょう。
コーヒー・紅茶	✕	△	カフェインを多く含むので、なるべく避けましょう。
コーヒー牛乳	✕	△	微量のカフェインを含み、糖分も多いので、なるべく避けましょう。
ココア	△	△	微量のカフェインを含むので、少量にしましょう。市販で砂糖を多く含むものは避けます。
乳酸菌飲料	△	△	ビタミン、ミネラルはとれますが、糖分、乳脂肪分も多いので、少量にしましょう。
炭酸飲料	✕	△	糖分、カフェインを含み、満腹感を感じやすいので、なるべく避けましょう。
果物ジュース	△	△	糖分が多いので、飲ませるなら少量にしましょう。

INDEX

111

お問い合わせ先

岩塚製菓	0258-92-4111
カルケット	0299-48-1157
壮関	0120-666-335
藤和乾物	054-635-2002
長田食品	0950-22-5544
森永乳業	0120-369-744
ヤマキ	0120-552226（お客様相談室）

撮影	柿崎真子
調理・フードスタイリング	井上裕美子（エーツー）
フードアシスタント	堀金里沙　藤司那菜（エーツー）
デザイン	細山田光宜　室田 潤（細山田デザイン事務所）
	横村 葵
ライター	久保木薫
校正	東京出版サービスセンター
編集	森 摩耶（ワニブックス）

子どもがパクパク食べる！
魔法のおうちごはん

著者　あおい

2021年11月18日　初版発行
2024年 3月10日　7版発行

発行者　横内正昭
編集人　青柳有紀
発行所　株式会社ワニブックス
　　　　〒150-8482
　　　　東京都渋谷区恵比寿4-4-9　えびす大黒ビル
　　　　電話　03-5449-2711（代表）
　　　　　　　03-5449-2716（編集部）
　　　　ワニブックスHP　　http://www.wani.co.jp/
　　　　WANI BOOKOUT http://www.wanibookout.com/

印刷所　TOPPAN株式会社
DTP　　株式会社オノ・エーワン
製本所　ナショナル製本

定価はカバーに表示してあります。
落丁本・乱丁本は小社管理部宛にお送りください。送料は小社負担にてお取替えいたします。
ただし、古書店等で購入したものに関してはお取替えできません。
本書の一部、または全部を無断で複写・複製・転載・公衆送信することは法律で認められ
た範囲を除いて禁じられています。

©あおい 2021
ISBN978-4-8470-7122-5